SDGsの大嘘

池田清彦

宝島社新書

はじめに

最近、ＳＤＧｓ（Sustainable Development Goals）という言葉をよく耳にする。「持続可能な開発目標」と翻訳されているもので、簡単にいえば「よりよい未来を築くために、今ある社会問題について世界中のみんなで協力して取り組んでいきましょう」というものである。

このＳＤＧｓは、国連サミットで「２０３０年までに達成すべき目標」として17の項目に分けて設定されており、日本でも政府や企業がさまざまな取り組みを進めている。

実際、私たちの生活はこのＳＤＧｓによって大きく変わってきている。有名なところでは、２０２０年7月のレジ袋有料化だ。今ではスーパーなどで買い物をするときにはショッピングバッグを持参する人が多くなった。これは海洋汚染の原因のひとつとされるプラスチックを削減して「海の豊かさを守ろう」というＳＤＧｓの目標のひとつに対して、日本政府がコミットしたものだ。実際には、プラスチックを燃やしてしまえば海洋汚染は起きないので、レジ袋有料化は無意味なのだけれどね。

ドイツのベルステルマン財団やＳＤＳＮという国際ネットワークが作成した「Sustainable Development Report 2021」によれば、２０２１年の時点で、日本のＳＤＧｓ達成度は１６５カ国中18位ということだったらしい。このような海外からの評価を受けて、日本国内では「ＳＤＧｓの取り組みをもっと加速化させていくべきだ」という呼びかけがなされている。

テレビ番組などでもＳＤＧｓというスローガンが盛んに叫ばれており、テレビ局によっては「地球を救うのは今しかない」とＳＤＧｓのキャンペーンを大々的に行うような動きもみられる。世はまさしく「ＳＤＧｓブーム」になっている。

しかし、私のようなへそ曲がりには、どうもこのＳＤＧｓというものが胡散《うさん》臭く感じられてしようがない。「地球を守ろう」「貧困をなくそう」「生物多様性は大事だ」という誰も反対できないような美辞麗句が並んでいるところに、一種の霊感商法のような怪しさが漂っているということもあるが、何よりも気に入らないのは、このSDGsが掲げる目標の多くが、科学的な視点で精査していくと、「嘘」だらけだという点だ。

冒頭で申し上げたとおり、SDGsでは17の目標を掲げている。「これらの目標を達成できたら世界には明るい未来が待っているだろう」と思われるような素晴らしいお題目ではあるけれども、その一つひとつをよく検証してみると、矛盾しているような話がたくさんあるし、今の世界で実現することはかなり難しいものも多い。要は「絵に描いた餅」なのだ。

しかも、「実現できない」くらいならまだマシで、もしも全世界がこの17の目標を信じて疑うことなくそのゴールに向かって突き進んでいくと、間違いなく世界は今よりも悪くなる。利益を得るのは、一部の国やSDGsをビジネスにしている企業など、ほんの一握りの人々だけであって、世界全体でみると、損をする人、貧しくなる人のほうが圧倒的に多くなってしまう。

そして、この「負け組」のほうに、日本が組み込まれてしまう恐れがあるのだ。すなわち今、テレビや新聞などのマスコミが盛んにキャンペーンを行って、多くの専門家が「地球を守るためには政府、企業、国民が一丸になって取り組むべきだ」と提言しているSDGsというのは、日本を凋落《ちょうらく》に導いていくものだと言ってもいい。

「明るい未来をつくるため」という名目のもとに推し進められている〝素晴らしい目標〟が、実はまったく正反対の結末を招く。

このような状況を的確に言い表している、こんなヨーロッパの諺《ことわざ》がある。


「地獄への道は善意で敷き詰められている」


最初は善意から始まった社会運動や、誰もが反対できないような理想的なスローガンを掲げた政策が、のちに多くの人々の生活を苦しめる悲劇的な結末を生むときに用いられる。

SDGsはこの諺の典型的な例になっているように思う。その目標には、誰が聞いても「そりゃそうだよね」と納得するような素晴らしいものばかりが掲げられている。

「よりよい未来をつくりましょう」と言われて、反対できる人間なんてまずいない。その意味では、完全に〝善意で敷き詰められた道〟だろう。

ただ、この道をまっすぐに突き進んでいっても、残念ながらそこに待っているのは〝地獄〟である。

先ほど触れたように、利益を得るのはほんの一握りの連中だけで、世界のほとんどの人たちは利益を奪われて貧しくなる。SDGsという矛盾に満ちた「絵に描いた餅」を実現しようとすることで、この世の中は確実に今よりも悪くなる。

それなのに、国連が垂れ流すこの「嘘」を鵜《う》呑《の》みにした政府やマスコミの大キャンペーンのせいで、ほとんどの人々はSDGsというのは素晴らしいものなのだと信じて疑わず、その目標に少しでも貢献できるように頑張っている。

人々の「いいことをしたい」という善意につけ込んで、騙《だま》しているという意味では、かなり悪質だ。

この構造は、私がこれまで『環境問題のウソ』(ちくまプリマー新書)、『環境問題

の嘘　令和版』（ＭｄＮ新書）などで繰り返し指摘してきた「人為的地球温暖化論」の構図とまるっきり同じである。

「環境を守らなければならない」という人々の善意につけ込んで、この説を後押しする政府機関や企業は、国民から多額のカネを搾り取っているが、多くの国民はいまだに「いいことに加担している」と思い脳内にドーパミンが出て、騙され続けている。

私くらいの世代の者は、どうせこの先もたいして長くはないのだから、この茶番につきあわされてもさして実害はないかもしれないが、未来のある若者や子供たちからすれば、とんでもない話だ。

だから、あと50年も生きねばならないあなた方に、ＳＤＧｓも人為的地球温暖化論も基本的にはまったく同じで、反対しづらい善意のスローガンを並べているだけで、「地獄への一本道」になっている事実について考えてもらいたいと切に思う。

２０２２年5月　池田清彦

目次

第2章 〝環境ビジネス〟で丸儲けしているのは誰か？

第3章 マスコミの大罪

第4章 ニッポンの里山の秘密

装丁　bookwall
本文ＤＴＰ　ユニオンワークス

第1章　SDGsは嘘だらけ！

キャッチフレーズの成り立ちに潜む矛盾

ここから、「ＳＤＧｓ」という考え方が実は多くの矛盾を抱えていて、それを無理に実現したところで「素晴らしい未来」などまったく訪れないという「嘘」を暴いていくわけだが、ＳＤＧｓというものがかなり胡散臭いということは、実はこの言葉自体によく表れている。

ＳＤＧｓとは「Sustainable Development Goals」の略で、日本語では「持続可能な開発目標」と訳されていることが多い。

ただ、冷静に考えてみると、かなり変な言葉だよね。「SustainableとDevelopment」というなんとなく知的な、プラスのイメージがある単語２つをGoalsにくっつけているので、納得しちゃっている人もいるのだろうけど、これは言葉のつくり方からすれば完全に破綻している。

「Sustainable（持続可能）」であるということは、そこで「Development（開発）」は止まるのが普通だし、その逆に「Development」を続けている限りは、「Sustainable」

という状態にはならない。「Sustainable」でありながら「Development」をずっと続けていくことなんて、あり得ないわけだ。

そんな水と油のように相反する言葉をくっつけて、あり得ない状態をさらりと言ってのけ、それを達成する目標まで掲げているというのがＳＤＧｓだ。矛盾しているどころか、もう支離滅裂な話だ。

私のようにへそ曲がりでなく、ＳＤＧｓに好意的な人ならば、「Developmentの結果、Sustainable Goalsに到達して、そこでDevelopmentは終了する」という解釈になるのかもしれない。確かに、それならば理解できないこともないけど、本当にそんなことが実現可能なのかという胡散臭さは拭えない。

意味としておかしくならないのは、「Sustainable Goal」、もしくは、「Unsustainable Development」のどちらかである。グローバル・キャピタリズムが牽引している現代資本主義は基本的に後者で、これは長期的にみれば、いずれ破綻を免れない。だから意味が通じなくても、とにかくそれらしい言葉をくっつけて、ＳＤＧｓなんて格好いいフレーズを造語したのだろう。

いずれにしても、このＳＤＧｓという言葉は何を意味しているのかわからない、矛盾だらけの支離滅裂な言葉である。「名は体を表す」ではないが、この怪しい響きというものが、一握りの人間の懐を肥やすばかりで、ほとんどの人を不幸にするＳＤＧｓの「嘘」の本質を表している。

誰も反対できない17のお題目

では次に、言葉の意味から破綻しているＳＤＧｓというものの、どのあたりに矛盾が潜んでいるのかということを具体的にみていこう。

現在、人口に膾炙《かいしゃ》しているＳＤＧｓは17の目標と１６９のターゲットを掲げている。17の目標を並べてみると、次のとおりである。

1．貧困をなくそう

2. 飢餓をゼロに
3. すべての人に健康と福祉を
4. 質の高い教育をみんなに
5. ジェンダー平等を実現しよう
6. 安全な水とトイレを世界中に
7. エネルギーをみんなに　そしてクリーンに
8. 働きがいも経済成長も
9. 産業と技術革新の基盤をつくろう
10. 人や国の不平等をなくそう
11. 住み続けられるまちづくりを
12. つくる責任　つかう責任
13. 気候変動に具体的な対策を
14. 海の豊かさを守ろう

15. 陸の豊かさも守ろう
16. 平和と公正をすべての人に
17. パートナーシップで目標を達成しよう

どの目標も、言われてみれば「そのとおり」という素晴らしい美辞麗句ばかりだ。異論を挟む余地なんてないものばかりである。ただ、みんなが反対できないという目標だからといって、それが「正しい」とは限らない。実際、ここに掲げられている目標の多くは、達成することがかなり難しい「絵に描いた餅」なのだ。

まず、「5. ジェンダー平等を実現しよう」「10. 人や国の不平等をなくそう」「12. つくる責任　つかう責任」「16. 平和と公正をすべての人に」「17. パートナーシップで目標を達成しよう」という5つの目標は、人や社会の「意識」の話だから、国際社会と国が啓発をして国民の意識を変えることでどうにかなるかもしれないけれど、全世界の人々の意識をそこまで劇的に変えられるとはとても思えない。

次に「3．すべての人に健康と福祉を」「4．質の高い教育をみんなに」「8．働きがいも経済成長も」「9．産業と技術革新の基盤をつくろう」「11．住み続けられるまちづくりを」という5つの目標は、インフラ整備や経済振興の話なので、投資をするお金があればできないこともない。ただ、国によって経済力には大きな差があるので、これを世界のすべてでやるというのも現実にはなかなか難しい。

エネルギー、水、食料に関する目標はすべて胡散臭い

これらの10の目標よりも実現が難しく、ほぼ間違いなく看板倒れになるに違いないのが、残りの7つの目標である。「1．貧困をなくそう」「2．飢餓をゼロに」「6．安全な水とトイレを世界中に」「7．エネルギーをみんなに そしてクリーンに」「13．気候変動に具体的な対策を」「14．海の豊かさを守ろう」「15．陸の豊かさも守ろう」というエネルギー、食料、水、生物多様性に関する目標は、私からすれば「いったいどうするつもりだよ？」と驚くほど、矛盾だらけ。かなり胡散臭い。

たとえば、「エネルギーをみんなに」っていうのは、もちろんお題目としては結構なことだけど、それを「クリーン」にするっていうのは、SDGsの文脈では化石燃料を燃やさないってことであるわけだから、エネルギーの価格はどんどん値上がりする。そうなると、開発途上国の人たちや貧しい人たちがエネルギーを買えないわけだ。「クリーンに」という目標は達成できても、「エネルギーはみんなに」は達成できないし、「貧困をなくそう」という目標とも大きく矛盾する。

だから、「エネルギーをみんなに　そしてクリーンに」という美しい目標はいいんだけど、じゃあ、その不可能なことを実現するためにはどうすればいいのかという深い話はほとんどされていない。

また、「海の豊かさを守ろう」なんていうのも現実的ではない。これはあんまり魚をとらないほうがいいって話になるけれど、現実は世界の漁獲高はすさまじい勢いで増大していて、このままいくと、あるときにまったく水産資源がとれないという事態が起きる恐れもあるが、今はそれを止めるルールもない。しかも、それを規制して漁獲量を減らしたら、「飢餓をゼロに」とか、「貧困をなくそう」という目標は達成できない。

素晴らしい話をどれだけ語られても、それがまったく実現できないおとぎ話ならば、それは「嘘」と変わらない。私がSDGsは嘘だという理由はここにある。

「人口を減らそう」という目標の欠落

そこに加えて、このSDGsというものが胡散臭いのは、17もの目標を並べているわりには、地球の持続可能性を考えるうえで、およそ欠かすことのできない目標が含まれておらず、その解決策にもまったく言及していないことだ。

それは人口問題である。

世界の人口は20世紀初頭には約16億5000万人だったが、この100年で爆発的に増えて現在は79億人まで膨れ上がっている。長期的には減少に転じるという話もあるが、発展途上国も多いので、しばらくは増え続けていくだろう。

この人口増加を抑えないで、ＳＤＧｓが掲げる「1．貧困をなくそう」「2．飢餓をゼロに」「6．安全な水とトイレを世界中に」「7．エネルギーをみんなに　そしてクリーンに」「13．気候変動に具体的な対策を」「14．海の豊かさを守ろう」「15．陸の豊かさも守ろう」という目標を徹底的に追求していくと、人類は間違いなく〝地獄〟へ直行していく。

まず、原生林や原野といった自然生態系が消滅するだろう。そして、野生動植物の生物多様性が激減し、それでも間に合わないと、結局は個人間や国家間での、エネルギーや食料、水などのリソースの奪い合いが始まって、もはやＳＤＧｓどころの騒ぎではない「資源争奪戦争」がスタートする。

これを回避する究極の方途はただひとつしかない。ＳＤＧｓふうに気取ったかたちでいえば、「みんなで協力して人口を減らそう」。

「人を減らせ」などと言うと、何やら過激で危険な思想の持ち主であるかのような誤解を与えるかもしれないが、人を殺そうという話ではなく、世界規模で出生率を下げようという話だ。科学的な視点で今の地球と人類の状況をみれば、エネルギーや食料、水などのリソースを、人や野生生物を含めた全世界の生物たちにどのように分配するかということが喫緊の課題になっているというのは明らかである。

エネルギーや食料、水などの資源の「上限」はすでに決まっていて、人を含めた地球上のすべての生物は、それをシェアして生きているにすぎないからだ。

地球上のエネルギー量は有限

「1．貧困をなくそう」「2．飢餓をゼロに」「6．安全な水とトイレを世界中に」「7．エネルギーをみんなに　そしてクリーンに」という目標を達成するためには、現在の世界人口にあたる79億人に見合うような食料や水、そしてエネルギーというリソースが必要だが、現時点で、すでに供給量が必要量を下回っていると思う。

たとえば、エネルギーである。

私たちが利用できるエネルギーのなかで、採掘可能な化石燃料と、原発を動かすためのウランの埋蔵量と、利用可能な地熱以外は、すべて太陽の活動に依存している。

太陽光発電以外にも水力発電、風力発電、バイオマス発電があると思うかもしれないが、これらも詰まるところは太陽エネルギーに依存していることに変わりはない。雨が降るのは太陽エネルギーによって海洋の水が蒸発して雲になるからであり、風が吹くのも太陽の活動によって局地的に気圧が異なっていたり、太陽が陸地と海を温める速度が違っているからだ。昼間は陸地が先に温まり、陸地の空気が上昇して、海から陸に向かって風が吹き、夜は陸地が先に冷えて、陸地の空気が下降して、陸から海に風が吹いているのだ。もちろん、バイオマス（生物資源の量）の供給量も太陽の活動に支配されている。

この「再生可能エネルギー」というのは、実は太陽エネルギーの奪い合い」だという厳しい現実は、太陽に依存しない核融合などの画期的なエネルギー技術が開発されない限りは変わることはない。

繰り返しになるが、地球上のエネルギー量には「上限」があって、今現在もそれを

79億人が奪い合っている状況だ。この事実を踏まえれば、「貧困をなくそう」「エネルギーをみんなに　そしてクリーンに」という一見すると美しいスローガンは、実行に移すことが非常に困難な目標だということがわかるだろう。

生態系とは「炭水化物の奪い合い」

同様の矛盾は「2．飢餓をゼロに」「14．海の豊かさを守ろう」「15．陸の豊かさも守ろう」という目標にも当てはまる。

エネルギーとまったく同じで、地球上の食料も太陽に依存している。地球にはCO_2がそれなりにあるので、たくさんの炭水化物をつくることができる。この炭水化物というのは光合成の結果なので、その量は、太陽がどれほどのエネルギーを地球に送っているのかということで決定する。つまり、人間やその他の野生動物などが得られる食料の量というのは、陸上と水界の光合成の量によって決まるのだ。

炭水化物を食べることによって、地球上の生物は生き永らえている。光合成をする生物の生産物を、別の生物が自分の生存のために使っているわけだ。言い換えると、我々は人間同士だけでなく、地球上の生物たちと「炭水化物の奪い合い」をしているということだ。

79億もの人があふれるこの地球で、すべての人の貧困や飢餓を解消しようとすれば、今以上にたくさんの炭水化物が必要になる。しかし、それには「上限」があるので、足りない分はほかの動植物から収奪しなくてはいけない。当然、陸や海の生物多様性は減少することになる。「飢餓をゼロに」という目標と、「海の豊かさを守ろう」「陸の豊かさも守ろう」という目標はトレード・オフの関係にあるのだ。

「飢餓をゼロに」という目標を聞いて、反対するような人間はいないだろう。貧しい人がいれば手を差し伸べるように、飢えた人がいれば食事を与える。それは人類が築いてきた文明社会にとっては「当たり前」のことだからだ。しかし、エネルギー、食料、水などの「上限」がしっかりと決まっているこの地球において、その当たり前のことを実行に移そうとすれば、必ずそれらをどこか別のところから奪ってくることになる。そこでとばっちりを食らうのは当然、人類以外の生物だ。

この厳しい現実にはいっさい触れることなく、「貧困をなくそう」「飢餓をゼロに」という目標と「海の豊かさを守ろう」「陸の豊かさも守ろう」という矛盾する目標が横並びになっている。この大きな欺瞞《ぎまん》こそが、私がＳＤＧｓを胡散臭いと感じるゆえんのひとつである。

人口が増えることでサステナビリティは破綻する

人口問題という根本的な問題を解消しない限りは、「2．飢餓をゼロに」という目標と、「14．海の豊かさを守ろう」「15．陸の豊かさも守ろう」という目標はバッティングする。これをわかりやすく理解するには、私たち人類が人口を爆発的に増やすことで、「陸の豊かさ」「海の豊かさ」をどれだけ損ねてきたのかを振り返ればいい。

７０００年前より昔の人類はほぼ狩猟採集で生きていて、人口も世界で５００万から１０００万程度しかなかったといわれている。それらの人々が野生の動植物を自分たちの手で採集して食べていたので、かなりサステナブルだった。自然のなかで適正な数の人間が、野生の動植物をとって食べていくというのが実は最もサステナブルなのだ。

たとえば、ある山間部にイノシシが1000頭くらい生息していて、その周辺にイノシシを年間100頭くらい捕まえて食べる人の集団が定住していたとする。狩りの状況によってイノシシは一時的に900頭くらいまで減少をするが、繁殖するのですぐにイノシシは増えて1000頭くらいになる。これは「持続可能な狩猟」である。

しかし、この山間部の人口が増えて、年間300頭のイノシシを消費するようになると持続は難しくなる。700頭に減ってそこで繁殖をしても800頭を割って、また次の年になれば500頭、その次の年はさらに減少して最後には絶滅してしまう。

これは破滅型の狩猟であって、そのせいでこれまでに多くの生物が絶滅している。

人口の増加に影響を受けるのは狩猟採集社会だけではない。農耕社会も同じだ。

たとえば、2000年の世界の穀物生産量は18億5000万トンだったが、2020～21年は27億2665万トンと飛躍的に増えている。現在、世界の陸地面積のなかで田畑の割合は11％、森林が29％、草原（牧草地を含む）が30％、砂漠と氷雪地が30％となっていて、この田畑の割合は徐々に減少している。それにもかかわらず、穀物生産量が飛躍的に増えているというのは、狭い農地でたくさんの収穫量を得られるようになったからである。つまり、農業の効率が上がっているのだ。

これは作物を守るための殺虫剤が強力になったということもあるが、何よりも大きい要因は、害虫や天候不順などにも強い品種改良や、遺伝子組み換え作物が普及して、農業の手間が省けたことである。最近の遺伝子組み換え作物というのは実に優秀になっていて、除草剤を撒いてもまったく影響を受けない作物もつくれるようになっている。

こうした科学の進歩による「農業の効率化」が、飢える人々を少なからず救ってきた。「飢餓をゼロに」ということを真剣に目指していくのなら、今後もさらに効率化を進めていく必要があるが、それをやると「陸の豊かさも守ろう」というＳＤＧｓの目標は完全に瓦解する。

農業の効率が上がるということは、穀物などを食い荒らす害虫をたくさん殺しているということでもある。そうなると、その虫を餌にしている別の虫や、カエルや鳥などの生物も食料を奪われることになり、徐々にその数は減っていく。当然ながら生物多様性は損なわれる。

地球上でできる食料に上限があるという現実を踏まえれば、人間が飢えることがないように農業の効率を上げながら、「陸の豊かさも守ろう」というのは完全に矛盾した話である。この２つを、あたかも両立できることであるかのように並べているＳＤＧｓはきわめて悪質な「嘘」をついていることになる。

貧困・飢餓問題に拍車をかける高級牛ステーキ

人口問題を放置したまま、「2．飢餓をゼロに」「15．陸の豊かさも守ろう」という目標が守れない今ひとつの要因は「肉食」である。

先ほど書いたように、世界の穀物生産量は27億2665万トン（2020〜21年）まで増えているが、消費も増えていて、生産を上回る27億4925万トンになっている。

ただ、これは79億人という人口を今の穀物量で食べさせていくことができないという話ではない。この消費量を人口で割ると、1人当たりの年間消費量は340キロになる。日本人の穀物消費量は年間154キロなので、およそ2・2倍の余裕がある。

言い換えれば、今、世界では170億人分の穀物を生産しているのだ。

つまり、この数字だけをみれば、「飢餓をなくそう」「貧困をなくそう」という目標は比較的に簡単に達成できるはずなのだ。

しかし、現実はそうなっていない。貧しい国や人々のもとに穀物が行き届かないという流通の問題もあるが、世界のほとんどの国で「肉食」が広がっていることも大きい。

肉食をするためには、家畜を育てないといけないわけだが、そこには当然、大量の飼料が必要になってくる。では、肉をつくるためにはどれほどの飼料が必要かというと、飼料変換効率をみると、牛は1キロの肉をつくるのに飼料が11キロ、豚は7キロ、鶏は4キロ、養殖の魚は3キロ、コオロギは2キロとなっている。

これはあくまで目安であって、実際に、高級ステーキなどで食べられている和牛などの場合にはたっぷりと栄養を与えないといけないので、年間20キロ近い穀物がいる。貧困がなくなって、ほとんどの人が現在の先進国の人間と同じような食生活になり、肉食が普通になれば、大量の肉を生産する必要がある。

それだけ大量の肉を生産するには、これまで以上に大量の餌が必要になるので、より多くの穀物を生産しなくてはいけない。そのためには農薬や遺伝子組み換え作物によって、これまで以上に農業を効率化させなくてはいけない。それは、ほかの野生生物を絶滅の危機にさらすことを意味している。

人類が「肉食」を続ける限りは、ＳＤＧｓのこのような矛盾が解消されることはない。本当の意味での「サステナブル」を考えるのなら、まずは何を食べるべきなのか、何を食べるべきでないのかを考えなくてはいけないのだ。

「豊かさを守る」以前に、水産資源は枯渇している

人口が膨れ上がった今の地球で、貧困や飢餓をなくして豊かな人間社会をつくるということと、陸や海の豊かさを守るという目標が両立しないことは、水産資源の窮状が雄弁に語っている。

海のなかで起きていることを私たちはみることができない。だから、人類というのはどうしても、地球の水産資源はまだまだ豊富にあるはずだと楽観しがちだが、実は科学的に分析をしていくと、世界の水産資源はオーバーキャッチング(とりすぎ)を長く続けてきたことで、かなり危機的状況にある可能性が高い。

世界の漁獲量というのは、飛躍的に増えている。1986年には約1億トンだったものが、2019年には2億1200万トンにまで膨れ上がっている。農業の穀物生

産と同じで、こちらも効率化が飛躍的に進んでいるからだ。

ただ、問題なのは、この飛躍的に増えた量のほとんどは「養殖」であって、自然環境のなかでとれている水産資源は33年間ほとんど「横ばい」だということである。

2019年の漁獲量2億1200万トンのなかで「養殖」が占める割合はなんと1億2200万トンで、残りの9000万トンが実際に船で漁などをしてとったものだ。この9000万トンという漁獲量がこの30年ずっと続いている。


このような数字だけをみていると、「横ばい」ならば水産資源はそんなに枯渇してないじゃないか、と思うかもしれない。でも、実はこの30年で、漁業はものすごく進歩しているのだ。

たとえば昔の漁師たちは長年の勘や、潮の流れなどを注意深く観察して、「このあたりに大きな魚の群れがいるはずだ」というような感じで、網を投げたりしていたんだよね。でも、いまやほとんどの漁船には、レーダーによる魚群探知機が搭載されているから、このあたりに行けばどれだけの魚がとれるだろう、とかいうことがピンポイントでわかる。

これほど効率的に魚がとれる技術が進歩しているのだから、当然、天然の水産資源の漁獲量も右肩上がりで増えていなければおかしい。しかし、現実には「横ばい」だということは、資源自体がかなり減少していると考えるべきだろう。今のペースで世界中で魚をとり続けていたら、そう遠くない未来、天然の漁獲量は「横ばい」から一転して減少が始まっていくに違いない。こうなったら、前にも述べた「破滅型の狩猟」と同じ結末が待っているはずだ。

中国が世界の魚を食べ尽くす

これを避けるには、ＳＤＧｓだなんだと誰も反対できないような美しいお題目を並べるのではなく、国際社会でしっかりとルールを決めて、それぞれの国の人口を考慮して、今年の漁獲量はこの程度にセーブしましょうという漁獲高制限などの取り組みを進めていくしかない。

現在、クロマグロやクジラなど一部では行われているが、サンマやイワシなど普通の魚ではそのようなルールがないので、「とったもの勝ち」となっている。高精度の魚群探知機や、大きな網を搭載した大型船を大量に投入して、各国が競い合うように水産資源を根こそぎとっているような現状だ。

その筆頭が中国である。

12億人の腹を満たすため世界中で水産資源をとっていて、2019年の世界の漁獲量2億1200万トンのうち4割近くを占める8250万トンという漁獲量で世界一となっている。中国では今、刺し身や焼き魚などの人気が高まって魚を好んで食べる人も増えてきたという話もあるので、この量はさらに飛躍的に増えていくはずだ。しかし、これまで説明してきたように、地球上の資源には「上限」があり、それは海洋生物も変わらない。中国の漁獲量が増えるということは、どこかの国の漁獲量を奪うということでもある。

今後は、限りある水産資源をどうやってシェアするのかということが大きな問題になっていくだろう。養殖へシフトしていけば、問題は解決するということを言う人もいるが、そうなったらそうなったで、こちらも問題がある。長い目でみれば、生態系を壊す恐れがあり、「海の豊かさ」を守ることができないのだ。なぜそうなるのかということについては、あとで詳しく解説をしたい。

いずれにしても、人口が爆発的に増えて、その人たちを飢えさせないだけの量の水産資源を確保しなくてはいけないとなったとき、「海の豊かさを守ろう」なんていう能天気な目標を掲げていられるような状況にならないことは間違いない。

アサリ偽装問題が示す〝水産大国〟の真実

人間が飢えることなく食べていくためには、海の豊かさを守るなどと悠長なことを言っていられないという厳しい現実を最もよく表しているのが、実は私たちが住む日本だ。

「日本は四方を海に囲まれて、水産資源の宝庫だ」というようなことを誇らしげに語っている人もいるが、それは日本の漁業が衰退しているという現実を知らないだけだ。１９８６年の日本の漁獲量は約１２８０万トンで世界一だった。でも、それから33年が経過した２０１９年の漁獲量は４１７万トンまで減少をして、世界10位になっている。日本の漁獲量は「横ばい」どころか、衰退の一途をたどっている。

なぜこのようなことになったのかというと、漁業人口が減っているなどの要素もあるが、何よりも大きいのは日本周辺の水産資源が激減していることだ。

日本は世界のなかでも珍しく、養殖よりも実際の漁業が占める割合のほうが多い。比率にすると、養殖は25％で漁業が75％くらいである。それで漁獲量が減少しているということは、船を海に出すような漁業ではどんどん魚がとれなくなっているからだ。

釣りをする人ならばわかるだろうが、日本では沿岸の釣りはほとんど釣れない。私も30年ほど前、オーストラリアに住んでいたときにあちらでよく釣りをしたが、ちょっと釣り糸を垂らすだけでたくさん釣れた。しかし、日本に戻ってきてから釣りをしてもさっぱり釣れない。同じ腕前でこれだけの違いがあるのだから、いかに日本近海で魚が減っているのかということだ。

水産資源の減少でわかりやすいのが、先日注目を集めた熊本産アサリの偽装問題である。業者が中国産アサリを国産だと偽ってスーパーなどに卸していたということだが、本来騒ぐべきは「偽装」などというちゃちな悪事ではなく、「もはや日本ではアサリをとることができない」という厳しい現実なのだ。

昔、アサリは熊本だけではなく、全国各地でたくさんとれていた。その漁獲量は10万トンを超えており、最多で1983年の17万トンという記録がある。でも、どんどん減少していって2006年には1万トンまで減り、ついには2020年、最盛期の3%くらいの4305トンまで減った。国産アサリはもはや絶滅危惧種となっているのだ。

スーパーに並ぶ海産物のほとんどは輸入品

このような話を聞いても、ほとんどの日本人は危機感を抱くことがない。アサリはスーパーに行けば山ほど並んでいるし、マグロにハマチといった刺し身も捨てるほどあふれている。実際、今の日本では売れ残ったものは大量に廃棄されている。

しかし、たくさん流通しているということと、資源がたくさんあるということは、同じことではない。スーパーに並んでいる水産資源のほとんどは、日本周辺の海でとれたものではなく、海外からの輸入に頼っているのだ。

今、日本全体で魚やエビ、カニ、貝などの海産物はだいたい600万トンほど消費されている。では、その内訳はどうなっているのかというと、輸入品が300万トンで、国産のものは300万トンである。ただ、この300万トンというのが本当の意味で国産なのかというとかなり怪しい。

たとえば、最盛期の3%まで減少した国産アサリが、なぜ日本中のスーパーで大量に売られているのかというと、中国などから輸入したアサリでも、それを日本国内の養殖場や漁場に撒く「蓄養《ちくよう》」というプロセスを踏んで一定期間そこで育てれば、「国産アサリ」と表示して売っていいというルールがあるからだ。また、これはウナギも同じで、中国などから稚魚を輸入して国内の養殖場で育てれば、こちらも立派な「国産ウナギ」として販売できる。

インチキといえばインチキなんだけれども、水産資源が劇的に減っている日本で1億2000万人の腹を満たして、なおかつ国内産のほうが品質が上だという消費者の思い込みを勘案すると、どうしてもこういうルールになっちゃうんだろうね。

こういう現実があることを踏まえると、日本人が消費している海産物の国産比率は、考えられているよりもっと低いかもしれない。それはつまり、国際的なトラブルなどがあったとき、日本人はあっという間に魚やカニなどを食べられなくなってしまうということである。

2022年の3月頃、ロシアのウクライナ侵攻によって、ノルウェー産サーモンの輸入量が減ったり、価格が高くなったりという問題があったことを思い出してもらえばいい。これまでノルウェー産サーモンは、ロシアの領空を飛んで日本に届けられていた。しかし、戦争が始まってしまったことで、このルートが使えなくなってしまった。迂回《うかい》して飛ばなければいけないから、かなり大回りになってしまった。それまでは運んでいなかったところに、大量のサーモンの貨物をねじ込むのだから時間もかかる。また、燃料代も余計にかかるので、小売価格も上がる。

他国同士の戦争ですでにこれだけ大きな影響を受けているのだから、もし日本が当事者となって、海産物を支えてくれている輸入先の国々との関係が悪化したら大変だろうね。

仮に、今ロシアが世界中からやられているような経済制裁を受けて輸入が停止されたりしようものなら、日本は四方を海に囲まれているくせにスーパーからはあっという間に魚や貝が消えてしまうだろう。国内の漁業だけではとても賄えないから、刺し身や貝なんていうのは庶民にはなかなか手が出ない高級品となってしまうかもしれない。

抗生物質の海を泳ぐ養殖サーモン

このような、日本の海産物の危機については実はずいぶん前から指摘されているが、いまだに危機感は薄い。スーパーで当たり前のように魚や貝が売られていることもあるが、「養殖にシフトをすればいい」という楽観論があるからだろう。

確かに、世界の漁獲量の半分ほどは養殖なので、それと比べたら日本はまだ養殖を増やしていく余地があるといういうことはいえる。ただ、だからといって養殖を増やしていくということを実行すると、「貧困をなくそう」「飢餓をゼロに」などのSDGs目標と同じく、「海の豊かさを守ろう」というサステナブルな目標を犠牲にしなくてはいけないという悩ましい問題がある。

養殖というのは、漁獲量を上げるためにどうしても狭い生け簀《いす》のなかに大量の魚を入れることになる。自然環境と異なる超過密状態なので、1匹の魚が病気になるとすぐに生け簀内に蔓延《まんえん》してしまう。そこで、このような伝染病を未然に防ぐために、養殖魚の多くは抗生物質を混ぜた餌で育てている。これはかなり高濃度の薬ということもあって、かつて養殖の魚は「抗生物質の海で泳いでいる」なんていわれることがあった。

先ほども触れた、外国産サーモンはその代表格である。ノルウェー産のものは養殖でも、抗生物質が少ないそうだけど、チリ産のものはかなり高濃度で、なかにはチリ産のサーモンは食わないほうがいいと警鐘を鳴らしている人もいるほどだ。

もちろん、安全性にはなんの問題もないと言う専門家もいる。「この抗生物質は魚の病気を防ぐためのものだから、魚を介して人間が食べたところで人体に悪影響はない」という説明なんだけど、普通に考えたら、ずっとそういう魚を食べ続けたら何かしらの影響はあるよね。

サーモンといえば、昔は北海道でとれた鮭を使った「新巻き鮭」が定番で、よく正月になると、アメ横あたりに買いに行ったものだけど、今ではそういう国内の鮭もどんどん減ってきているんじゃないかな。

だから、サーモンひとつとっても海外からの輸入に頼らないといけないわけだし、そのほとんどは養殖だから「薬の海を泳いで育った魚を食べなくちゃいけない」というのがかつて世界一の水産大国だった日本の現実ということだ。しかも、その抗生物質も海外でやっていることだから、どんな薬がどれだけ使われているのか、ちょっと心配だね。

そういう情けない食の事情を改善しないで、「海の豊かさを守ろう」なんて呑気《のんき》なことを言っている場合じゃないだろ、と思うよね。だから、そこまで「ＳＤＧｓが大切だ」「サステナビリティを目指すんだ」と言うのなら、まずは食料危機に備えて、日本人が飢え死にしないように国内自給率を上げていくことのほうが、日本にとって本当の意味でのＳＤＧｓになるはずだ。

究極のSDGsは「みんなで人口を減らそう」

このように、人類が限りある地球上の天然資源をほかの生物とシェアして生きているという現実を踏まえると、ＳＤＧｓなんていうきれいごとを並べたお題目を叫んだところで、どうにもならないということがわかってくる。

世界の人口は79億まで膨れ上がり、これからさらに増加する勢いをみせているが、本気で「貧困をなくそう」「飢餓をゼロに」という目標を達成しようと思ったら、陸や海の豊かさを守ることは不可能だ。

逆に、本気で生物多様性を守り、陸や海の環境をサステナブルにしようとすれば、これまで以上に貧富の差は拡大して、食料の争奪戦に負けた国の人々は深刻な飢えの問題に直面することになる。

これらの目標が「絵に描いた餅」ならばまだマシなのだが、トレード・オフの関係にある以上、どちらかをやればやるほど世界を悪くしてしまう恐れがある。これこそが、よりよい未来のためにと世界規模で推進されているＳＤＧｓを「善意で敷き詰められた地獄への一本道」たらしめている最大のゆえんなのだ。

では、私たちはどうすれば「地獄への道」を回避することができるのか。

究極的には、世界中で「みんなで協力をして人口増加を抑制していきましょう」と呼びかけることだろう。

人口減少というと、どうしても経済が衰退していくような非常にネガティブな現象のように捉えられがちだが、実はＳＤＧｓ的な視点でみれば、これほどサステナブルなことはない。これまで説明してきたように、飢餓や貧困などのあらゆる問題の背景には人口増がある。地球上の限られた資源を人間同士やその他の生物と適切にシェアすることができなければ、オーバーキャッチングなどで生態系のサステナビリティが保たれなくなる。

人間の頭数を限りある資源に合わせて減らしていけば、余計な自然破壊も生態系の破壊も起こらない。ある意味、「究極のＳＤＧｓ」だと言っていいかもしれない。

「人口抑制」はグローバル資本主義を妨げる

ただ、今の世界ではこの「人口抑制」という目標をＳＤＧｓに含めることはできない。かつて人類が直面した民族虐殺などの暗い歴史も連想させるということもあるが、何よりもＳＤＧｓを喧伝《けんでん》している欧州や、アメリカなどのいわゆる西側諸国にとって「人口抑制」は受け入れ難いものだ、という事情がある。

これら西側諸国というのは、産業革命以降、基本的にグローバル資本主義によってその地位を確立して、今もそれで国際社会への影響力を維持している。西側諸国に「追いつけ追い越せ」でここまできた日本も基本的には同じポジションだ。

このグローバル資本主義というのが実は結構な曲者《くせもの》で、これによって恩恵を受けている西側諸国からすれば、「人口が増え続ける」という状態が続いてくれないと困るという現実がある。

世界で展開しているアパレルブランドなどをみればわかりやすいのだけど、これらのグローバル企業というのは基本的に安い商品をたくさんつくって、世界中の消費者に向けて売っていくというビジネスモデルがあって、そのためには「安い労働力」が欠かせない。じゃあ、どうして労働力が安いのかというと、途上国などで人口が増えているからだ。人がたくさんいるから、貧しい人や子供たちを安い賃金でこき使うことができる。

欧州の「不都合な真実」

これが世界の「真実」というのは、日本と同じように人口が減り続けている欧州をみればわかる。イギリスやドイツなどは続々と移民を受け入れている。これは人道支援的な観点に基づいた政策ではなく、国内に安い労働力が減ったからだ。アメリカがいつまでも世界一の経済大国の座をキープできているのは、今も移民を受け入れて人口が増え続けているからだ。

このように、ちっともサステナブルでないことをやって現在の繁栄を築いた国が中心となって、「ＳＤＧｓが大事」なんて言ったところでなんの説得力もない。「グローバル資本主義にのっとって、じゃんじゃん生態系を壊してきた」という自分たちの都合の悪い話から目を逸《そ》らさせることが本来の目的なんじゃないの、というのが私の率直な感想だ。

ＳＤＧｓを本気で実現するには人口問題としっかり向き合わなければいけないが、現在、世界を牛耳っているグローバル・キャピタリズムにはそれができない。そんな八方ふさがりの状態をごまかすため、ＳＤＧｓのようなきれいごとのお題目を並べたとしか思えない。

いずれにせよ、問題の本質から外れたＳＤＧｓ目標のせいで、世界は着々と破滅へ向かって進んでいる。私は遠からずあの世に旅立つのだし、悠久の宇宙の歴史からみれば、人類の絶滅なんていうものは「点」のような出来事にすぎないわけだから、まあどうでもいいことには違いないけどね。

脱資本主義への兆し

ただ、これからの世界を生きていく皆さんのような若い人たちは、「どうでもいいこと」とは言っていられないだろう。胡散臭いＳＤＧｓに踊らされながら、破滅の道を突き進まないようにするため、西側諸国のグローバル資本主義を食い止める方法を自分たちの頭で考えていただく必要がある。

一足先にこの世を去る私が授けられるアドバイスは、「ＡＩ」と「ベーシックインカム」の活用である。

まず、あと20年も経てば、あらゆる分野でのＡＩ（人工知能）の導入が進んでいくので、従来のようなたくさんの労働者はいらなくなってくる。さまざまな業界で、「ＡＩに仕事が奪われる」という不安がささやかれているけど、今の技術の進歩の具合をみれば、実際にそのとおりになると思う。

そうなると社会は最初、少し混乱するかもしれないけど、長期的にみれば人口抑制が徐々に進んでいくはずだ。ＡＩの活躍によって大量の労働者が職を失って無収入になったら、その人たちをどうやって食べさせるのか。そうなったら人口が少ないほうが有利だ。だから無闇に人を増やそう、移民でもなんでもいいから受け入れて国内の人口を増やそう、というのとは真逆の話になる。

ＡＩの導入で労働者が減少していくと、「働かなくていい社会」が徐々に実現していく。すべての人の生活を一定水準までは保障するという、いわゆるベーシックインカムだ。そうなると、世の中はガラリと変わるはずだ。おのおのの人が、働かないで自分の好きなことだけをやりゃいいわけなので、人間の感性だって変わるかもしれない。

これまでのように社内のライバルよりも上にいくんだとか、マウントをとって優越感に浸るなんてことも次第にバカバカしくなっていくだろうし、命を削るようにして一生懸命働くなんてこともなくなっていくはずだ。

「一生懸命働かない」というとネガティブに聞こえるかもしれないが、農耕社会が始まるまでの気の遠くなるほど長い期間、人間はほとんど働いていなかった。自分や家族のための食料を得るために、せいぜい1日3時間くらい働いていた程度なんじゃないかな。

それがガラリと変わったのは、畑を耕して穀物を収穫するようになったから。

その日に食べられるものがあればいいという生活が一転して、働けば働くほど穀物がたくさんとれて、それが生活の豊かさにつながっていく、という状況が生まれた。

そうなると、なるべくたくさん穀物を生産したほうがいい、ってことになるわけだ。たくさん収穫するためには人手が必要で、人がたくさんいればさらにたくさんの穀物が必要だ。そういうポジティブなフィードバックがかかって、「もっとたくさん得るためには、もっと効率的にやろう」ということで突き進んでいった結果、行き着いたのがグローバル・キャピタリズムだ。

発想を転換すると、今、世界を破滅へと導いている西側諸国のグローバル資本主義を食い止めるのは「働かなくていい世界」を一日も早く実現することだといえる。

「働かなくていい世界」を、私がこの目でみることはかなわないかもしれないけど、これから生きていくあなたたちにとって、そういった世界を実現できる可能性がある「AI」と「ベーシックインカム」というのは、きわめて重要なものになると思う。

国連はなぜ「SDGs」などと言い始めたのか

ここまでの話で、政府や企業、マスコミが「素晴らしいことだから、みんなで協力しましょう」と盛んに呼びかけているSDGsの正体が、ご立派なスローガンを並べただけのかなり胡散臭いものだという点について、気づいてもらえたはずだ。

おそらく、次に疑問に浮かぶのは、なぜそんな「嘘」だらけの目標を、国連というご立派な国際機関が採択したのかということだ。

そのあたりのところは正直、私にはわからないけれど、各国の間で相当な政治的駆け引きがあったことは間違いないだろう。「この目標を入れてしまうと自分の国が損をするので、ちょっと微調整してくれないか?」というような水面下のネゴシエーションが重ねられたであろうことは、サステナブルとはおよそかけ離れた、矛盾だらけのお題目がSDGsに盛り込まれていることからして、間違いないと思う。

SDGsというこざっぱりした言葉の裏に潜んでいる、各国の醜い思惑を読み解いていくためには、まずはこの胡散臭い話が、いつ頃から吹聴されるようになったのかをみていけばいいだろう。

SDGsの前身とは?

そのルーツをたどっていくと突き当たるのが、SDGsの前身ともいうべき、MDGs(ミレニアム開発目標)だ。

これは2000年9月にニューヨークで開催された国連ミレニアム・サミットで採択されたもので、途上国を対象とした国際社会の目標である。平和と安全、開発と貧困、環境、人権、グッドガバナンス(よい統治)などを課題として挙げ、2015年を期限として、以下の8つの目標が掲げられた。

目標1　極度の貧困と飢餓の撲滅
目標2　初等教育の完全普及の達成
目標3　ジェンダー平等推進と女性の地位向上
目標4　乳幼児死亡率の削減
目標5　妊産婦の健康の改善
目標6　HIV／エイズ、マラリア、その他の疾病の蔓延の防止
目標7　環境の持続可能性確保
目標8　開発のためのグローバルなパートナーシップの推進

貧困や飢餓、そして教育、ジェンダー、環境などSDGsと重なる目標が多いことに気づくと思う。それも当然で、SDGsはこの途上国向けの目標であるMDGsの後継とされている。MDGsのこの8つの目標が2015年に「ある程度は達成できた」ということで、それをさらに先進国も含めた地球規模に拡大しようと、同じ20

15年に採択されたのがSDGsなのだ。

MDGsの目標はカネで達成できた

つまり、SDGsの成り立ちをみていくと、MDGsという目標がうまく達成できたことを受けて、今度はその規模を拡大してやってみようとなったわけなんだけど、この「MDGsがうまくいったんだから、お次はSDGsも……」という考え方が、実はおかしいんだよね。

MDGsはあくまで途上国を対象にしたものであって、これは正直、先進国がお金を出し合って途上国に投資をすれば、ある程度のところまでは目標を達成できる。「環境問題」というややこしいテーマも盛り込まれているけれど、基本的にMDGsで掲げられている目標はインフラ整備だからだ。

2015年のMDGs最終報告によると、「目標1　極度の貧困と飢餓の撲滅」に関しては、1990年に比べるとほぼ半減したし、「目標2　初等教育の完全普及の達成」についても、就学率や識字率は増加している。また、「目標3　ジェンダー平等推進と女性の地位向上」というのは意識の問題だ。インドなどの国ではいまだに女性の地位が低いということもあって、現在でも達成したかどうかといえば非常に難しいところではあるのだけど、こちらも一応、途上国の3分の2以上で、初等教育の就学率において男女の格差が解消されたとなっている。

そして、これらよりもさらに顕著に成果が出ているのが、「目標4　乳幼児死亡率の削減」「目標5　妊産婦の健康の改善」「目標6　HIV／エイズ、マラリア、その他の疾病の蔓延の防止」である。これらは乳幼児死亡率が53％まで減ったり、妊産婦死亡率が43％まで減少をしたりと如実に目標達成されている。

これらはみな医療インフラの整備や、医学の進歩の成果である。

日本でも、かつては乳幼児の死亡率は高かった。妊産婦も赤ちゃんを産むまでの間に死んでしまうとか、産後の肥立ちが悪くて命を落としてしまうような人がいたが、医療インフラの整備や医学の進歩によって、いまや乳児死亡率は250人に1人、新生児死亡率は500人に1人くらいの割合まで低下しているし、妊産婦が亡くなるケースも非常に少なくなっている。それと同じことが、途上国でも進んでいるというわけだ。

HIV（エイズ）、マラリアなどの感染症も同様だ。マラリアは現在も大問題だが、エイズに関しては避妊具の使用について啓発を行うことなどでだいぶ減少しており、最終報告でも、HIVの新たな感染については推定350万人（2000年）から210万人（2013年）と、約40％減少したという。

また、エイズの場合は治療薬もかなり進歩していて、かつてのような「死の病」ではなくなっている。治療を続けながら、普通の生活が送れるほどで、そのような点においても国際社会が途上国をサポートしてきた側面は否めない。

安い労働力を確保したいグローバル資本主義

ＭＤＧｓの「目標７　環境の持続可能性確保」は、安全な飲料水と衛生設備を継続的に利用できない人々の割合を半減するということだった。飲料水に関しては１４７カ国が、衛生施設に関しては95カ国が目標を達成した。しかし、世界においては、安全な水を飲めない人がまだ7億人近くおり、10億人近くの人はまだ野外で排泄を続けている。

あと、この環境関連の目標には、オゾン層の破壊物質を減らすというのもあるけど、現在は、フロンガスを排出する冷蔵庫などの性能がかなりよくなり改善されている。

ただ、そもそもフロンガスが本当にオゾン層を破壊するのかという点については疑問なしとしない。さらに、南極の上空のオゾン層がフロンガスで破壊された結果、紫外線が増えて温室効果が生じたなんていう説そのものもかなり胡散臭いものだということがわかってきている。

「目標８　開発のためのグローバルなパートナーシップの推進」については、携帯電話の通話可能エリアの拡大だとか、インターネットの普及だとかいうのは確かに達成できているけど、途上国の貧しさは変わらない部分がある。また、それがグローバルなパートナーシップの推進といえることなのかというと、甚だ疑問でもある。

このように、一部には「そもそも目標としてどうなんだ?」というようなものも含まれているけれど、基本的にこれらの8つの目標は、インフラの整備を進めていけばそれなりに達成できる。だから国際社会では、MDGsは一部で課題を残したけれど、2015年で一応のゴールが達成できたという評価となっている。

ただ、途上国で目標が達成できたからといって、「今度はそれを地球規模に広げていきます」なんていうのは、冷静に考えたらかなり無茶苦茶な話だ。

途上国の医療や教育などのインフラが整備されても、感謝されるだけで、誰かが困るようなことはまずない。貧困や飢餓がある程度解消されることで、不利益を被る人もいない。むしろ、グローバル資本主義で繁栄を築いている西側諸国からしてみたら、貧しく飢えている人々があふれているような国が、それなりに豊かになってくれたほうがありがたい。グローバル企業が進出できる新しい市場が拡大するということだし、安い労働力がたくさん確保できる。

国連による「ゴリ押し」の真意

そのような意味では、ＭＤＧｓは誰も反対できない素晴らしい目標であるとともに、「誰も損をしない目標」だともいえる。しかし、ここまでみてきたように、ＳＤＧｓはまったく違う。

貧困をなくそう、飢餓をなくそう、生物多様性を守ろうという、誰も反対できない素晴らしい目標だというところまではＭＤＧｓと大差ないんだけど、その対象を地球全体に拡大したせいで、「損をする人々」や「犠牲になる生物や環境」というのが現れてしまった。

人間の数を減らすことなく、食料や水、そしてエネルギーという「上限」の決まっている資源を地球規模でシェアしようということなんだから、それは当然だ。

　そういう本質的な議論がなされることなく、うまくいったＭＤＧｓの流れというだけで後継にしているということに疑問を抱く人もいるだろう。

　国連というと、世界中から優秀な人たちが集まって、よりよい未来を築くために知恵を出し合い、各国に協力を求めていく国際機関というイメージが強いので、ＳＤＧｓのように矛盾に満ちた「嘘」を触れ回るようなことはしないはずだと多くの人が思っていることだろう。

　そんな〝立派な人々〟がなぜ？

　真正面からサステナブルというものについて考えていない可能性もあるが、やはり、私が先ほど指摘した「各国の間でかなりの政治的駆け引きがあった」という可能性は大きいのではないかと思う。

　つまり、ＭＤＧｓの流れを汲《く》み、これらの目標を世界的に推進していくことによって自国の利益が生じるように、国連に対して働きかけてネゴシエーションも重ね、Ｓ

ＤＧｓという「嘘」と「矛盾」だらけの国際的ルールをでっちあげたのである。

それを行っていたのは、いったいどこの誰なのか。

「やはり」という話ではあるが、世界を牛耳るグローバル資本主義を掲げる西側諸国であろう。自国の繁栄のために、今の経済システムを守りながら、さらなる富を生み続けるための新しい手段として、ＳＤＧｓという概念が「発明」された可能性がある。

そこで次の章では、西側諸国がなぜこの世紀の「嘘」をつくりだしたのかという背景について説明していこう。

第2章

〝環境ビジネス〟で丸儲けしているのは誰か？

世界的なキャンペーンの裏側に潜むものとは

誰も反対できないような、美しいスローガンが並んでいるものの、誰がどうみても矛盾や嘘だらけのＳＤＧｓ。こんな胡散臭い目標をなぜ国連が採択して、しかもそれに対して世界各国へ協力を求めるようなキャンペーンをしているのか？

この裏側を考えていくのに重要な視点は、「誰が得をするのか」ということだ。

前の章でも説明したように、ＳＤＧｓの17の目標を本気で実現しようと思ったら、環境問題はさらに深刻になるし、生物多様性も保持できなくなる。得をする「勝ち組」と、損をする「負け組」がはっきりと分かれて、これまで以上に貧富の差も広がってしまう。

西側諸国を中心としたグローバル資本主義は大量生産・大量消費を続けているし、さらに肉食も習慣化して、家畜を育てるために穀物を大量消費しているので、貧しくて飢えた国から食料を奪っている側面が否めない。ここで「海の豊かさを守ろう」

「陸の豊かさも守ろう」なんて言って、少しくらい環境に優しいことをやったところで、この不平等な構図は何も変わらない。むしろ、これから西側諸国に追いつこうとしている「後発組」の国の成長の足を引っ張ることになる。

結局、ＳＤＧｓというのは現在の世界秩序を維持し、西側諸国が最終的に得するような構造になっているのではないか。そのなかでもとくにＥＵが得をするＳＤＧｓが、「エネルギーをみんなに　そしてクリーンに」「気候変動に具体的な対策を」というエネルギー・環境関連の目標だ。

要するに、これは「脱炭素」という動きだ。

私はこの2つの目標こそが、ＳＤＧｓのような胡散臭い話が国連にねじ込まれてしまった真の狙いだと思う。ＥＵは、エネルギー・環境関連で主導権を握りたいがために、「脱炭素」という自分たちに有利なルールを世界に広める必要がある。そこで、「ＳＤＧｓという枠組みを利用しよう」と国連に対して働きかけたに違いない。

SDGsは地球のためではなくEUのため？

なぜEUがそんなことをするのか。

それはズバリ、自分たちが生き残るためだ。

日本にはエネルギー資源がないということがよく言われるけれど、実はヨーロッパも同じくエネルギー資源に乏しい。アメリカみたいにシェールガス・オイルもないし、オーストラリアみたいに石炭がたくさんあるわけでもない。ドイツは比較的石炭資源に恵まれているけれども、EUは全体として化石燃料に乏しいのだ。今回、ロシアがウクライナに侵攻したことで、ロシアからドイツへの天然ガスの供給がストップして大変だなんてニュースがあったけど、ドイツはロシアからの天然ガスに依存していたので、パニックになるのもわかる。

こういう「資源を持たざる国」が「資源を大量に持っている国」に対して立場が弱くならず、むしろ優位になるためにはどうすればいいのか。最も簡単で効果的なのは、「ゲームのルールを自分たちに有利なものへと変えること」だ。

エネルギーでいえば、石油や石炭、シェールガス・オイルをたくさん持っている国はもう時代遅れで、ほかのエネルギーに力を入れている国のほうが将来有望だというふうに「世界の常識」を変えてしまう。それこそが、ヨーロッパが進めている太陽光、風力、水力という再生可能エネルギーへのシフトの価値を高めていく戦略なのだ。

つまり、EUやイギリスが近年になって「エコ」や「脱炭素社会の実現」を叫んで、ガソリン車を規制して電気自動車の普及に力を入れているのは、純粋に「地球環境のため」というよりも、「自分たちのため」という側面が大きい。

国際社会で「脱炭素」の主導権を握ってこれを推進して世界に広めていけば、化石燃料をあまり持っていない自分たちの弱さは軽減できる。ロシア、アメリカという資源を山ほど持っている大国との優劣の差を埋めることができる。そういう戦略をずっと進めてきているわけだ。

これをさらに後押しするのが、SDGsだ。

前身のMDGsのように「貧困をなくそう」「飢餓をゼロに」という、全世界の人たちが反対しづらい目標をたくさん並べ立てたところに、さらにＥＵの国際社会での立場を揺るぎないものとする「脱炭素」をさりげなく紛れ込ませた。そうすれば、アメリカやロシアの力を抑えるのはもちろん、「CO_2排出量など知ったことか」という感じで急速に経済成長してその存在感を示しているような中国や、オイルマネーで世界経済にも大きな影響を及ぼす中東産油国への牽制にもなる。

政治やビジネスにこっそり利用されている

ＳＤＧｓの裏側には、こうしたＥＵのエネルギー戦略があることを考えると、17の目標の整合性がとれずに無茶苦茶になっているのにも納得がいく。

とにかく一丁目一番地として大事なのは、「脱炭素」を広めて、自分たちが進めている太陽光や風力、そして電気自動車のような施策を世界に広めていくことなので、ほかの目標はＭＤＧｓからの流用というか、寄せ集めみたいなことになっていても、ＥＵとしてはなんら問題ないのである。

ただ、EUにとってなんの問題がなくても、地球全体でみれば、このように表面的な体裁だけを取り繕っている「脱炭素」政策には問題が多い。

たとえば、欧州ではガソリン車を厳しく規制して、どんどん電気自動車を広めているけど、電気自動車にはバッテリーやハイテク機器がたくさん必要であって、それを大量に製造すれば当然その過程でCO_2はめちゃくちゃ出ていくわけだ。

また、燃料である電気だって、太陽光や風力でつくるからエコだと言うけれど、それをつくるためのソーラーパネルなどは中国が今、世界に向けて大量生産をしているわけで、中国はそれでめちゃくちゃCO_2を出している。

あと、電気自動車に欠かせないバッテリーの処理はかなり面倒だ。一般家庭でごみを出すときにも、乾電池やバッテリーを別にするように、バッテリーにはいろんなものが入っているから処理に手間暇がかかる。ガソリン車のエンジンは鉄くずだから、溶鉱炉で溶かしてしまえばいいだけの話だけど、電気自動車のバッテリーの処分はかなり大変だ。

そういうところをトータルでみて差し引きをすれば、電気自動車で本当にCO_2が削減できているかどうかはかなり怪しい。でも、そういう胡散臭さがあっても、EUが「脱炭素」を推し進めるしかないのは、ビジネス的な理由が大きい。アメリカやロシア、そして中国などと比べて、EUはエネルギーのコストがやたらと高くなってしまうので、その差を少しでも縮めたい。

電気をつくるコストでいえば最も安いのは石炭火力と原発だけど、原発は、福島第一原発のような事故が起きたら被害回復や社会に対する賠償などで膨大なコストがかかってしまうので、長期的にみるとすごく割高になる。あと、電気をつくったあとに出る核廃棄物を再処理したりすることにかかる費用を考えても、けっして安くない。

結局、トータルでみて何が最も安いのかというと、石炭による火力発電だ。石炭が豊富にある中国は、自分たちは途上国だという主張で、どんどん火力発電をしているが、それによる安いエネルギーコストが経済成長の原動力になっている側面もある。その次に安いのがロシアなどにある天然ガス、さらにアメリカのシェールオイルなどが続く。

これらの国は資源があるので、エネルギーが安い。だから、エネルギーを大量に費やした大量生産もできるし、エネルギーを他国に売って稼ぐことができる。

でも、資源をあまり持たないEUは、それらの国からエネルギーを買うしかない。エネルギーコストが高いということは、さまざまな製品やサービスのコストも高くなる。そうなると、安いものを世界にたくさん売っていくグローバル競争には不利なので、EUは世界的な「脱炭素キャンペーン」をぶち上げて、これをひっくり返そうとしているわけだ。

SDGsが胡散臭く感じるのは、その裏側に米露中よりもエネルギー競争で優位に立ちたいという、EUやイギリスの思惑がにじみ出ているからだ。

いちばん得をしているのは誰なのか

SDGsで並べられている美しいスローガンは、実は地球環境や、よりよい未来のためにはほとんど役に立たない虚構であり、ＥＵやイギリスが「ひとり勝ちをするようなルール」を世界に押しつけるためのプロパガンダなのだ。

そのような話を聞いても、一般の人はなかなか「はい、そうですか」と受け入れられないかもしれない。でも、このＳＤＧｓという世界的な詐欺話が広まることによって、どのあたりの人々が恩恵を受けて、儲《もう》けているのかということをみれば、多少は納得してもらえると思う。

その象徴的な経済活動が、「ＥＳＧ投資」である。知らない人のために経済産業省の説明を引用する。

《従来の財務情報だけでなく、環境（Environment）・社会（Social）・ガバナンス（Governance）要素も考慮した投資のことを指します。特に、年金基金など大きな資産を超長期で運用する機関投資家を中心に、企業経営のサステナビリティを評価するという概念が普及し、気候変動などを念頭においた長期的なリスクマネジメントや、企業の新たな収益創出の機会（オポチュニティ）を評価するベンチマークとして、国連持続可能な開発目標（SDGs）と合わせて注目されています》（経済産業省HPから　ESG投資とは）

要するに、地球と人類の未来のためには、単なる儲け主義から脱却して、SDGsを推進している企業に積極に投資をしようという話である。日本でも年金積立金管理運用独立行政法人（GPIF）がこのESG投資を原則として組み込むという国連のルールに署名したことで、民間の投資・金融機関にも広まっている。

そんな、誰も反対できないような素晴らしい取り組みだけれど、損をしている人、得をしている人の勝敗がこれ以上ないほどくっきりと分かれている。2021年11月11日にブルームバーグが報じたところによれば、米調査会社モーニングスターのリポートで、ESG投資商品への純資金流入で7～9月（第3四半期）は欧州が77％を占めたとある。対して、米国は11％にすぎない（https://www.bloomberg.co.jp/news/

articles/2021-11-11/R2EJCATOG1L801)。

これは要するに、ＥＵが中心となったＳＤＧｓと、それをビジネスにした「ＥＳＧ投資」によって、ＥＵに世界中から莫大《ばくだい》な資金が流れ込んでいるってことだよね。未来のため、貧困をなくそう、飢餓をゼロに、という美しいスローガンが並んでいるけれど、結局これで大儲けしている人たちが西側諸国には山ほどいるってことだ。

途上国はますます貧しくなる

もちろん、この傾向はＥＳＧ投資だけじゃない。

「エネルギーをみんなに　そしてクリーンに」という目標に合致するようなビジネス、つまりは太陽光発電とか再生可能エネルギー企業とか、電気自動車に力を入れている企業などは、各国政府も政策的なバックアップをするからすごく好調になっている。電気自動車のテスラなんかもそうだ。

一方で、ガソリン車などをたくさんつくる自動車メーカーとか、CO_2をたくさん出す鉄鋼とか、そういう分野の企業は厳しい。しかも、さっきのＥＳＧ投資がこれからさらに世界に広がっていけば、「地球環境に厳しいビジネスをしている企業にはカネを出すな」みたいな世界的な風潮もあるから、どんどん追い詰められていくに違いない。

だから、安価な化石燃料を使うことで、どうにか経済を回している途上国はどんどん貧しくなっていくし、飢餓も増えるだろう。「陸や海の豊さを守ろう」なんて悠長なことも言っていられないから、環境破壊をしてもエネルギーや食料を確保しようということにならざるを得ない。

繰り返しになるが、ＳＤＧｓなんて表向きは美しいスローガンだけど、本当のところは、グローバル資本主義で繁栄を築いてきた西側諸国をこれまでどおりに優位に立たせるための新しいルールであって、強い国をそのまま強く、弱いところを弱いままに固定させるような弊害しかないと私は思っている。

海外の専門家たちのなかにも、「このＳＤＧｓというやつは矛盾だらけでどうも胡散臭いぞ」と気づいている人たちはいる。また、そこまでじゃなくても、これが必ずしも素晴らしい未来に結びつかないという点については多くの人が気づいている。

たとえば少し前、ドイツでエコだということで、国のエネルギーを再生可能エネルギーにシフトして、山ほどソーラーパネルをつくったら、電気代があっという間に2倍ぐらいになった。地球に優しいことは、必ずしも貧しい人たちにとって優しいことではない。

でも、そういう矛盾を指摘し始めると収拾がつかなくなり、国際社会が連携して目標を達成するなんてことは到底できないということで、「まあ、いろいろな問題はあるけど、とりあえずやっていくか」という感じで、仕方ないことだと受け入れているところが多いんじゃないかと思う。

SDGsを叫べば「なんでもアリ」のモラルハザード

問題なのは、そんな大きな矛盾を抱えたSDGsを世界で触れ回ってしまったせいで、いろいろな国が自分たちの利権を拡大するために、17の目標を自分たちにとって都合よく恣意的に解釈をしたり、自分たちの得になるようことだけを好き勝手につまみ食いしたりして、「地球のためだ、文句あるか」と開き直れるようになっているこ とだ。「SDGs」っていう大看板さえ掲げておけば、「なんでもアリ」という感じで、モラルもへったくれもなくなっているってことだよね。

たとえば、今回のロシアのウクライナ侵攻で、ロシアを経済制裁したところ、西側諸国、とくにドイツでエネルギー問題が深刻になった。そこで「石炭火力や原発を止めるな」という議論が起こっている。今だって、フランスはほとんど原発大国で、原発で生き永らえているような国だ。

じゃあ、「環境先進国」と呼ばれ、SDGsが進んでいるといわれる欧州を見習って世界が原発をどんどん推進したら、当然、それはそれでサステナブルではなくなっていく。

原発というのは、うまく稼働している間は、石炭と同じぐらいコストの安いエネルギーなのだが、何か事故が起きたときは、ほかの発電施設とは比べものにならないほど甚大な被害が出る。しかも、メンテナンスや廃棄物の処理にもそれなりの費用と技術力が必要だ。アメリカやフランス、ドイツなど、すでに原発を稼働させてきた実績のあるところはまだいいけど、それをお手本にして、アフリカや中国が大々的にやっていこうとなったらかなり心配だ。石炭での火力発電をやっているほうがはるかに安全だろう。

こういう維持費やリスクを踏まえれば、ちっともサステナブルじゃないし、むしろ社会的なデメリットのほうが多いというのは、賢い人たちはもうとっくに気づいていて、日本と同様に地震が多い台湾などは「もう原発はやめる」と言っているし、地震大国のイタリアにも原発はない。

しかし、ヨーロッパ全体としてみれば、自分たちでＳＤＧｓと言い出した手前、脱炭素という政策は外せない。だからロシアから天然ガスがこなくなりそうだとなると、こぞって原発にシフトしそうな情勢になっている。脱炭素の旗振り役なのだから、自然エネルギーと原発でやっていくしかないわけだ。

とはいえ、今のウクライナをみてもわかるように、原発が誰かに攻撃されて、もし事故でも起きようものなら、それだけでも国土が壊滅的な被害を受ける危険性がある。それをわかっていながら、破滅への道を進んでいる。

「エネルギーをみんなに　そしてクリーンに」という美しいお題目が、結局、自分たちの首を絞めるという皮肉なことになっているのだ。

ソーラーパネルで日本の土壌が「死ぬ」

このSDGsが掲げる目標を目指そうとするほど、破滅の道を突き進んでいくという皮肉な構造の最たるものが、太陽光発電である。

降り注ぐ太陽の光で発電ができるというのは一聴すると「エコ」であって、これ以上ないほどクリーンでサステナブルな発電方法だと思われがちだが、これも進めていけば自分たちの首を絞めることになる。

わかりやすいのが、日本の状況だ。

誰に騙されているのか知らないが、今、日本全国の農地には続々とソーラーパネルが建てられている。なかには山林の斜面を削って、大量のソーラーパネルを並べ、メガソーラー発電を建設しているようなところもある。メガソーラーの設置に対する規制は甘いため、きわめて危険な場所につくられる場合も多い。

ご存じのように日本の農林業はかなり衰退している。農家の人たちが高齢化していたり後継者がいなかったりということで、就農人口が減少して、耕作放棄地や管理されていない荒れ放題の山林などがとても増えている。ただ土地を寝かせているだけではお金が生まれないということで、そこで続々と太陽光パネルが設置されているわけだが、これはサステナブルとは真逆だ。SDGs的な「飢餓をゼロに」や「陸の豊かさも守ろう」という目標とも真っ向から対立する。

ソーラーパネルを地面に建てて、そこで太陽エネルギーを奪っているわけだから、その下の地面にはそのエネルギーがいかない。これまでそこで生きていた生物は光合成ができないので死に絶える。当然、それを食べていた生物にも影響が出る。周辺の生態系も壊されていく。

それに加えて、一度ソーラーパネルを設置した土地を再び農地として使うということは、かなり難しいのだ。太陽エネルギーが届かないわけだから、土壌のなかにいる微生物などにも悪影響があり、農作物を育てる栄養素もなくなってしまう。その土地はいわば「死んだ」ことになる。

現在、日本の食料の自給率は37％程度で、肉も魚も穀物もほとんどは輸入頼みになっている。だから、もし国際的な紛争などがあって、日本が食料を輸入できないような状況になったら、もうお手上げだ。日本全国に広がったソーラーパネルを外して、そこで作物を育てようとしても、「死んだ土地」だからなかなか育たない。

「エネルギーをみんなに　そしてクリーンに」というスローガンに本気で騙されて、

ソーラーパネルだらけの国土なんかにしてしまうと、食料自給率37％の日本ではたくさんの人が飢え死にする恐れがある。

太陽光発電はちっともエコではない

それだけじゃなくて、農地や山林のソーラーパネルは環境破壊を進行させていく恐れもある。

景気のいいときにどんどん建てても、パネルが老朽化して撤去が必要になった際に、もし太陽光発電企業が経営難で倒産してしまっていたり、地権者側が破産したりしていたら、そのソーラーパネルは誰も管理しないまま、単にその土地や周辺の生態系を壊す瓦礫《がれき》の山として放置されることになってしまうだろう。自治体が撤去するといっても、お金がかかるのだからそう簡単にはいかない。

それとまったく同じことが、日本中にあふれかえる空き家や、今、鬼怒川温泉で問題になっている「廃墟《はいきょ》ホテル」群で起きている。かつて鬼怒川温泉がまだ景気のいいときに、観光業者が大型ホテルをバンバン建てたものの、経営が悪化して倒産。そのまま責任者も行方知れずになってしまっているので、撤去費用を誰も出すことなく放置されてしまっているのだ。自治体も何億もかかる撤去費用を出す財政的な余裕がないので、荒れ放題に荒れて景観を損ねているだけではなく、崩落の危険も指摘されている。

放棄された農地や、山林の斜面などに今たくさん設置されているメガソーラーも、この「廃墟ホテル」と同じような道をたどる可能性が高い。パネルのなかにはセレン、カドミウム、鉛といった有害物質も含まれているので、管理者や地権者がそのまま逃げてしまって、誰も撤去する費用を出さなければ、ただ周辺の自然環境と生態系に悪影響を及ぼす「瓦礫の山」として放置され続けることになるに違いない。

ＳＤＧｓというスローガンに騙されている人たちは太陽光発電をどんどんやれと言っているけれど、私からすれば、こういう問題が山ほどあるのだから、そんなしようもないことはやらないほうがいいと思う。

そもそも発電所というのは、コンパクトな設備で自然への負担も少ないなかでたくさんの電力をつくれることが最大のメリットなわけであって、ソーラーパネルはそれの真逆だ。生物が生きていくのに必要な太陽光エネルギーをその土地からすべて奪ってしまうことに加えて、たくさんの電力をつくろうと思ったら、めちゃくちゃ広い面積が必要になる。それで、しかもさっき言ったように、一度環境を壊してしまったら回復するのにかなり時間がかかる。この面倒臭さを考えただけでも、ぜんぜんサステナブルじゃない。

そもそもソーラーパネルなんて置かないで、空いている土地があるのなら、そこにたくさん木を植えておけば、その分だけCO_2を吸収するわけだし生物の多様性だって守れる。太陽光発電が地球に優しくてCO_2を減らすなんていうのはどう考えてもインチキだな。

水力発電のほうが「環境に優しい」

「エコな発電」の内実が、巷で言われているほど地球に優しくないというのは、風力発電にも当てはまる。

たとえば日本では、沖縄は冬にはよく風が吹くから風力発電に向いているのだけど、全国的にはあまり風が吹かない。だから、風がよく吹く海のなかに大きな風車を持った洋上風力発電をつくっているが、そうなるとその先の海岸にあまり風が届かないという問題が起きる。また、山の稜線《りょうせん》に風力発電を設置しているところも多いが、風下《かざしも》には風がいかなくなる。

そうなると、環境には少なからぬ影響が出てくる。

たとえば、植物の種子は遠くまで飛ばなくなるし、そよ風がそよいでいることによって順調に育つ草木とかもあるわけだから、風力発電のせいで生育が悪くなる。エコ、エコって言うけど、地球上の限りあるエネルギーを奪ってモーターを回している以上、環境破壊という部分はどうしても出てくる。

ただ、そういう環境への影響ということでは、水力発電のほうがまだマシというか、よほどエコだといえる。水の流れは、重力の影響を受けているから減衰しない。でも、風というのは重力で流れているわけじゃないから減衰する。

水であれば水車を動かしてもそこでエネルギーが奪われることなく、川の下流までちゃんと流れていく。ということは、勢いのある急流に水力発電所をつくって、水車を並べておいても、川の生態系にはそれほど影響がないってことだ。ダムのイメージがあるから、水力発電のほうが環境に悪影響のような偏見があるかもしれないが、実は風力発電に比べるとそれほどではない。

日本は山が多くて急流もたくさんあるのだから、本当は小規模な水力発電所をたくさんつくれば、その地域の電力くらいはどうにか賄うことができる。環境への負荷もないし、原発みたいに地震の影響でとんでもない被害を撒き散らすこともない。エネルギーの地産地消も進むし、いいことずくめなんだけど、結局日本の電力は大手の電力会社が牛耳っているから難しい。自治体単位で小規模な水力発電をしようと思っても、河川を管理しているのは国土交通省だから、許可などもなかなか下りないのだろう。

自国にとって本当に環境的なメリットがある発電すらできない日本が、ＳＤＧｓなんて言ったところでぜんぜん説得力がない。

「地球温暖化」の予想はどれも大ハズレ

説得力がないといえば、クリーンなエネルギーが必要だという議論の発端となった「人為的地球温暖化」というのも、今になってみると説得力ゼロである。

私はこれまで『環境問題の嘘　令和版』（ＭｄＮ新書）などで繰り返し、人為的地球温暖化というのが環境データを一部の人間が自分たちの都合のいいように切り取ってでっちあげたものだということを指摘してきた。ちなみに、私以外にも、世界中の多くの科学者が同様の声を上げている。

国際社会で盛んに「人為的地球温暖化」が叫ばれ、政治的なアイテムになった20世紀の終わりから21世紀の初頭にかけて、２０２０年までに人為的地球温暖化で甚大な影響が出る、という予測が雨後の筍《たけのこ》のように現れたが、ほとんどすべてがハズレだった。有名なものをいくつか列挙する。

1. 1987年に、地球温暖化論者の米国NASAのハンセンが、2020年までに地球の平均気温は3℃上昇すると述べたが、実際の上昇は0・5℃だった

2. 21世紀の初めに、キリマンジェロの雪は2020年までには消滅する、という予測が、アル・ゴアをはじめ何人もの人によってなされたが、今に至るまで雪は消滅していない

3. 2009年に、米国地質調査所のファグレが、モンタナ州のグレイシャー国立公園の氷河は2020年までに消滅すると予測したが、2020年になっても氷河は健全だった

4. 2000年、イギリスのイースト・アングリア大学の気候研究ユニットの科学者ヴァイナーが、2020年には英国では雪は降らなくなるだろう、と予測し

たが、雪は今でもよく降っている

このように「地球は、化石燃料起源のCO_2の排出により温暖化している」というストーリーに基づいた未来予測は、これまでほぼすべてが外れている。占いだってもうちょっと的中するだろう。気候変動は地球規模の現象であるため再現実験は不可能で、予測でしかその正しさを実証する術《すべ》はないが、予測がことごとく外れた以上、この理論は間違っていると考えるほかはない。

しかし、現在に至るまで、そういう話が温暖化論者から語られることはほとんどない。地球が人為的な原因で温暖化しているという話がインチキだということになってしまうと、メガソーラーや電気自動車やその他もろもろの商売が正当性を失って、それで儲けている人々や企業が困ってしまう。だから、過去の予測のどれもが大ハズレしているという事実については頬かむりをして、しらばっくれている。

そして、都合の悪い話に人々の目が向かないように、新しい胡散臭いデータを引っ張り出してきて、「このままCO_2を削減しないと、2050年には地球は大変なことになる」と言って恐怖を煽《あお》っているのである。まったくひどい話である。

太陽・黒点の増減でも気候変動は起きる

そもそも、なんでこうも地球温暖化の未来予測が総ハズレするのかというと、それはいわゆる「気候変動」のシミュレーションというのが、かなりいい加減だからだ。

ほとんどの気候変動のシミュレーションというのは、「CO_2が増える/増えない」という変数だけに頼ったもので、それ以外の変数はわからないから、そもそも入れていない。こんなシミュレーションで未来のことなどわかるわけがない。

たとえば、地球温暖化説を唱えている連中は、太陽活動の影響をあまり重視しないけれども、実は太陽の黒点の数によって、地球の気温は変動することがわかっている。黒点が減少すると寒くなる。17世紀半ばから18世紀初頭にかけて、太陽の黒点がほぼ消えてしまった「マウンダー極小期」には地球は寒冷化した。CO_2の濃度よりも太陽の黒点数のほうが、気温変動の原因としては大きいと思う。

それからもうひとつ、地球温暖化説に欠けているのは、火山の爆発である。巨大な火山が爆発すると、亜硫酸ガスがたくさん出て寒冷化が進むことがわかっている。たとえば、1991年にフィリピンのルソン島にあるピナトゥボ山が噴火した。これは20世紀に陸上で発生した噴火としては最大規模の大噴火で、その翌年に世界の温度が0・5℃ぐらい下がった。日本もこの影響は大きく受けて、1993年の夏は冷夏になって、米や野菜が不作だった。

こういう地球規模で影響を与える火山の大噴火というのが、100年単位でみると、だいたい2~3回必ず起きる。だから、地球温暖化のシミュレーションではCO_2だけをみて、「これだけCO_2が増えて、気温がこんなに上がることになる」というような単純な試算をするけれど、100年で巨大火山が何度か噴火すれば、それだけでも地球の平均気温なんて2℃くらい下がって、CO_2による温暖化なんて帳消しになる。

つまり、ああいうシミュレーションはだいたいみんなインチキだと思っておいたほうがいいということだ。実際、1990年代には、世界中のいろいろな学者がスーパーコンピュータでシミュレーションをして、「温暖化は絶対に正しくて、2020年頃にはこんな気温になり、とんでもないことが起きているだろう」というような感じで、さんざん恐怖を煽っていたけど、それほど気温は高くなっていない。

そういう「嘘」を触れ回っていた学者たちは反省するどころか、今また新たな嘘を触れ回っている。

CO_2が多いほうが植物の生産性は高くなる

このような人為的地球温暖化説を唱える人たちに、未来予測がことごとく外れていることや、火山や太陽活動によって相殺されることを無視したシミュレーションの杜《ず》撰《さん》さについて指摘すると返ってくる反論のなかに、「それでもCO_2が増えているというのは事実だから、いずれ困ったことが起こる」というのがある。

確かにCO_2が増えているのは事実だけれど、正直そんなに大した話じゃないんだよね。ここ一世紀で、大気中のCO_2濃度が300ppmから400ppmに上がったと大騒ぎをしている。何も説明されずに数字だけ聞くと、何やらすごく増えているような印象を受けるかもしれないけれど、この程度の増加は人体にはもちろん、地球環境にもさしたる負の影響は及ぼさない。

長い地球の歴史では桁違いにCO_2の濃度が高かった時代もあって、それでも環境に悪影響などなかった。むしろ、CO_2がある程度たくさんあったほうが植物の生産性が高くなるので、それほど悪い話ではないのだ。

人為的地球温暖化はインチキだということをしっかりと主張されている日本の研究者のなかに、東大名誉教授の渡辺正《ただし》さんという光合成の専門家がいる。光合成の専門家からすれば、温度が高くて水がたくさんあって、しかもそこにCO_2がいっぱいあると、ものすごく植物の生産性が高くなるので、温暖化はむしろ好ましいというのは当然の帰結だ。たとえば、白亜紀の時代などがまさにそうで、CO_2の濃度は今の5

倍近く、気温は10℃も高かったと考えられている。なぜかというと、そうでもなければ、すさまじい巨体を持つ恐竜などはとてもじゃないが生きられないからだ。

恐竜が地球を支配できたのは、食物連鎖の頂点にいて、体があれほどまでに巨大化したからである。植物を食べて成長した草食恐竜を、肉食の恐竜が捕まえて食べていたわけだが、これにはものすごい量の植物が必要だ。つまり、今とは比べものにならないほど、光合成のスピードが速かったわけだ。草食恐竜がバリバリと食った植物は、数日経てばまた復活するというような感じだったんじゃないかな。

白亜紀は、少なくとも今とは比べものにならないほど陸も海も豊かで、生物多様性も高かった。「CO_2で環境が破壊される」なんて話は、人間がでっち上げた妄想だってことがよくわかる。

CO_2はむしろ増やしていったほうがいい

人為的地球温暖化説が罪深いのは、長期的な視点で地球環境のことを考えれば、C

O_2を減らしていくよりも増やしたほうがいいという視点がまったくないからでもある。

実はマクロレベルでみると、大気中のCO_2はどんどん減る傾向にある。なぜかというと、CO_2は海に入って最後は石灰岩になって固定されるので、無理をして減らしていかなくても、放っておけば自然に減っていくものなのだ。

だから、おそらくあと数億年ぐらい経てば、地球上の大気中のCO_2はなくなってしまう可能性があるということだ。そうなると、光合成もできなくなってしまうわけだから、地球上の生物はすべて死んでしまう。まあ遠い未来の話だけれどね。

こうした点からも、本当に地球上の生物のことを考えるのであれば、CO_2はむしろ増えたほうがいいんだな。

こういうCO_2の基本的な話をすべて無視して、とにかく「増えている、増えている」と大騒ぎをして恐怖を煽ってきたのが、人為的地球温暖化説なわけだ。予測などが外れて、そのインチキさがようやく世間に広まるかと思ったら、そこへ入れ替わるように「ＳＤＧｓ」という話が湧いて出てきた。

ＳＤＧｓのなかに「気候変動に具体的な対策を」という目標があるように、これは完全に人為的地球温暖化説の流れを汲んでいる。「絶対当たる」と大見得を切ったシミュレーションがことごとく外れた事実から、世界の人々の目を逸らすために、新しくかっこいい言葉をつくってごまかそうとしているようにしかみえない。

しかし、そんな嘘臭い話が世界中で持てはやされて、日本でも政府やマスコミが大々的にキャンペーンをし、それに企業も乗せられて、ＳＤＧｓを成長戦略に組み込んだりしている。

すでに説明したようにＳＤＧｓは、アメリカ、中国、ロシア、中東と比べて、天然エネルギーの資源を持たない欧州が「自らの劣勢を挽回しよう」という、エネルギー安全保障に関する戦略的な意味合いが強い。ハイブリッド車で世界一の技術を誇る日本がＳＤＧｓなんて進めたところでなんのメリットもなく、むしろ損をすることのほうが多い。

それにもかかわらず、なぜ日本社会はこれほどまでにＳＤＧｓに夢中になっているのか、私にはまったく理解ができない。そこで次の章では、日本人がＳＤＧｓなどという胡散臭い話に、ここまで乗せられてしまっている原因について考察していきたい。

第3章　マスコミの大罪

繰り返される「SDGs」と洗脳

科学的に、合理的に検証をしていけば明らかに胡散臭い「SDGs」というものを、なぜ日本人の多くは疑うことなく鵜呑みにしているのか。

これには、本書の冒頭から繰り返し言っているように、「誰もが反対の声を上げにくい、素晴らしいスローガン」がたくさん並んでいるってこともあるけれど、日本人の場合はやはり「テレビ」の影響も大きいんじゃないかと思う。

テレビで誰もが知っている人気タレントらが、「SDGsを達成しよう」と繰り返し呼びかけているよね。やっぱりあれが大きいと思うのだ。

日本人のほとんどは、SDGsなんて言われても自分にはそこまで関係ないと思っているから、これが本当に正しいことなのかどうかなんて真剣に考えていない。だから実際は、「テレビで言っていることだから、とりあえずなんとなく賛同をしている」という人がほとんどじゃないかな。

日本には、「テレビでみんなが言っていることには反対しないほうがいいだろう」という暗黙のルールがある。テレビで言っていることを嘘だとか言い出す人は、「あいつ、ちょっと変なやつだよね」なんて陰口を叩かれてしまうような空気が漂っている。

つまり、日本人には「世間の目を気にしている人」がすごく多いってことだ。それが、矛盾だらけのSDGsに対してほとんど文句を言う人がいなくて、ここまですんなりと受け入れられている原因のひとつじゃないかなと思う。

「長いものには巻かれろ」という日本人気質

日本では、みんなが「いいことだ」と言っているものに逆らってもしようがないという考えが強い。「長いものには巻かれろ」という感覚が、実は日本人の強固な基底をなしているんじゃないかと私は思っている。

日本政府は、国連が掲げているSDGsに反対して、国際社会から「日本ってヘンだよね」と言われることがすごく怖いから賛同をする。

テレビなどのマスコミも、日本政府が素晴らしいことだからと推進しているSDG

ｓに反対して、政府筋から文句を言われることがすごく怖いから賛同をする。

そして国民も、政府やテレビが繰り返し訴えているＳＤＧｓに反対して、周囲の人から「おかしなやつだ」と言われることが怖いので賛同をする。

こんな感じで日本全体が「まわりからどうみられるか」ということを過剰に気にした結果、誰も自分の頭でしっかりと胡散臭さに向き合わないで、なんとなくみんながＳＤＧｓに賛成している、というのが本当のところじゃないだろうか。


世間が賛成していることに対して、わざわざ「反対です」と表明しても、「変わったやつだ」と思われるだけでなんの得もない。だから、街頭インタビューなどで、「あなたはＳＤＧｓを知っていますか？　そして賛成していますか？」とマイクを向けられて、「ＳＤＧｓは胡散臭いので私は反対です」と言う人は少ない。

ほとんどの人はみんなニコニコしてこう言うだろう。

「あ、そういう運動ありますね。聞いたことありますよ」

「未来を考えて、いろいろと行動に移すのはいいことだと思います」

心の底から信じているとかじゃなくて、みんながいいものだと言っていることなので、「とりあえず賛成しておくか」と表面的に合わせているだけだ。

この「長いものには巻かれろ」という日本人の気質は、マスクについての姿勢をみていてもよくわかる。

SDGsキャンペーンと日本の同調圧力

新型コロナウイルスの世界的大流行で死者がたくさん出ていたときでさえ、フランスやイギリスなどではマスクを着けない人がたくさんいた。こういう国では革命や内戦で民衆が自ら自由を勝ち取ったという歴史的経緯があるから、「命も大切だけど、自由は大切」と主張する人たちがかなりいる。

でも、日本はすごかったよな。ちょっと呼びかけただけで、室内どころか街なかでもみんながしっかりとマスクをして、まわりに誰もいないような道、それこそ河川敷なんかを歩いている人もマスクを外さない。そしてマスクをしないような人間がいると、見つけ出してみんなで徹底的にバッシングした。

じゃあ、日本人が心の底からマスクの予防効果を信用しているかというと、かなり疑問があって、やっぱり「世間の目」を気にしていたことが大きいだろう。

先日、それを象徴するような出来事があった。

電車のなかで若者2人が次のような会話をしていた。

「マスク面倒臭いな。苦しいし」

「なるべく息苦しくないスカスカのマスクでいいんじゃない。とにかく見てくれだけくっつけとけばいいんだよ」

この2人にとってマスクというものは、科学的に予防効果があるかないかという次元の問題じゃなくて、みんながやっていることだから、とにかくやっておく。感染防止のためじゃなくて、「世間の目」のためにやっているってことだね。

マスクを鼻下までずり下げている「鼻マスク」の人とか、とりあえず布みたいなものを口元にぶら下げている「マスクもどき」の人がたくさんいるのも納得である。

心の底ではたいして信じていないのだけれど、みんなが言っていること、やっていることだから「とりあえず従っておくか」という日本人の気質が最大限に発揮されたのが、やっぱり太平洋戦争だね。

私が生まれたときはすでに戦争は終わっていたけれど、父親なんかに話を聞くと当時は、口には出さないけれど腹のなかで「戦争なんかやりたくない」って思っていた人がたくさんいたという。でも、まわりがみんな戦争に賛成しているなかで、反対などと言って「非国民」と叩かれるのは嫌だから、とりあえず従っていた。

そんなふうに長いものに巻かれながら突き進んだ戦争で、死ななくてもいい人たちがたくさん殺されてしまって、最終的には戦争にも負けてしまったわけだから、アホみたいなものだ。

今のマスクやＳＤＧｓをみても、やっぱり日本人がこういうふうになってしまうというのは必然なのかもしれない。

テレビ局がキャンペーンに精を出す理由

日本人の「みんながいいと言っているものは深く考えずに、とりあえず賛成する」という気質に、テレビがすごく大きな影響を及ぼしているとすると、次に不思議なのは、じゃあなぜテレビはそこまでＳＤＧｓのキャンペーンに精を出しているのかってことだ。

国連や日本政府がＳＤＧｓを呼びかけているにしても、仮にもマスコミを名乗っているわけなのだから、まずは自分たち自身で、このＳＤＧｓが掲げている17の目標というのが実現可能なものなのか、きれいごとを並べているだけのお題目になっていないのかなどという点についてきちんと検証したうえでキャンペーンをするべきだ。

しかし、実際は国連から言われたことをそのまま右から左へと流しているだけだ。

なぜこんなことになってしまうのかというと、ひとつにはテレビ局をはじめとした日本のマスコミは政府の方針に逆らうよりも、ほかの日本の企業・組織と同じく、その時々の流行に乗ったほうが広告収入が増えて儲かるからだ。

もうひとつの大きな理由は日本人はなぜか「ブルシット・ジョブ」が大好きで、マスコミもそれに加担してるってことだね。

ブルシット・ジョブとは2018年出版のデヴィッド・グレーバーの著書の題名で、仕事をしている本人でさえ、完璧に無意味で不必要で、有害でさえあると認識しているが、組織の維持、あるいは自身の雇用を守るために、意味があるかのようにふるまわざるを得ない仕事を指す。

じゃあ具体的にどんなものかというと、役所のやっていることの多くはブルシット・ジョブだよね。

たとえば少し前に、デジタル庁が、学習履歴などの個人の教育データについて、2025年頃までにデジタル化して一元化する仕組みを構築すると言い出した。203

0年頃までには、本人が閲覧できるようにして、生涯学習などに役立てたいとか言っているけれど、基礎データをとる教員の仕事は典型的なブルシット・ジョブとなる。

高校教諭をやった経験から言わせてもらうと、個人が「過去に何を勉強したのか」なんていう履歴は教員側も生徒本人もまずみない。そもそもみるメリットがないのである。今、教育現場ではブラック労働が大きな問題になっていて、教職員がバタバタと過労で倒れているが、さらにこんな、クソの役にも立たない仕事が増えたらもっと悲惨なことになる。

そんな完璧に無意味なシステムだが、これが導入されることで得をする人たちもいる。仕事しているフリができるデジタル庁と、教育ビジネスをしている連中だ。もし個人の学習履歴データがそこに流れたら、「こうすれば成績が上がりますよ」と教材を売りつけたり塾に勧誘したりするだろう。彼らを儲けさせるためにやっているとしか思えない、教職員も生徒も誰も得をしない。

「スポーツ人口を増やす」のはなんのため？

ちょっと脱線するが、誰かのビジネスのために、ほとんどの人にとって意味がないことをやらされるというスタイルもあれば、誰かの「自己満足」のために行われているブルシット・ジョブもある。

少し前に、スポーツ庁が、中学生の16％がスポーツ嫌いという調査結果を受けて、5年かけてこれを半減させたいという計画を掲げているという話を聞いたときも「アホかいな」と思ったが、これがその典型的な自己満足型ブルシット・ジョブだ。

当たり前の話だが、スポーツが好きな人は勝手にやればよくて、それに政府が介入する必要などまったくない。スポーツ嫌いな中学生が16％から8％に減ったからといって、日本経済が潤うわけでもない。スポーツで国威を発揚させて、国力の向上に役立てたいということかもしれないが、はっきり言ってこれが妄想だということは人類の歴史が証明している。

冷戦の頃、旧ソ連や東ヨーロッパでは、国を挙げてオリンピックでひとつでも多くのメダルを獲得するべくステートアマを養成したが、これらの社会主義国はほとんど崩壊してしまった。こういった国威発揚は、国力の向上という観点からは、なんの役にも立たなかったのだ。独裁者たちの「自己満足」みたいなものだ。

プロのスポーツは金儲けのための手段だから、それを規制する必要も補助する必要もない。アマチュアのスポーツは趣味なのだから、好きにやらせておけばいいので、これに税金を投じて振興するのは、「スポーツは素晴らしい」というイデオロギーのなせる業だ。

私は、自分ではスポーツはやらないし、ほとんどみない。私の納めた税金をスポーツ振興のためにジャブジャブ使わないでくれと言いたい。そういう人も多いだろう。

私は時々釣りをするが、たとえば調査の結果、釣り嫌いの中学生が50％いるとして、これを25％に下げるために、文科省と農水省が協力して釣り振興のために税金を使うと決めたら、「そんなのおかしいじゃないか」と思う人はたくさんいるだろう。スポーツも釣りも、個人の趣味なのだから、スポーツだけを優遇するのは間違っている。

スポーツも釣りも多少は経済振興に貢献するとは思うけれど、これらが盛んになったので経済が発展したわけではなく、経済が発展したので、スポーツや釣りを楽しむ余裕ができたのである。現代社会においては、経済を発展させ、国力を高めたのは紛れもなく科学技術で、国は「科学技術力を高めるために何をすべきか」を第一義に考えるべきなのだ。

だが、スポーツ庁も管轄する文科省からは、そういう合理的な思考はまったく感じられず、こうしている今も多額の税金をつぎ込んで「スポーツ人口を増やす」などというブルシット・ジョブに精を出している。

日本でのスポーツ指導というのは、いまだに「トップダウン」型が多いと思うのだが、体育会系のやり方に重点を置くという方針は、指導者や上司、ひいては政府の言うことをよく聞き、ブルシット・ジョブも厭《いと》わないような国民を量産するにあたっては好都合だよな。児童生徒を管理して、同調圧力に従わない個性的で自己主張が強い人間を排除しようという狙いがあるんじゃないかしら。

SDGsをビジネス化する仕組みの誕生

テレビ局の上層部の人たちは、誰もが反対できないような素晴らしいスローガンを掲げたSDGsに賛成することで、国連や西側諸国と同じようなことを自分たちも訴えているという満足感が得られる。

もうひとつ重要なのは、SDGsを推進することで一部の人たちが大儲けできるシステムがすっかり出来上がってしまったという現状だ。もはや誰もこれを止めることができなくなっている。

実際に、テレビの現場ディレクターや出演者にも、腹のなかでは「こんな17の目標を本当に実現できるのか?」なんて、胡散臭さや矛盾を感じている人もいるかもしれない。しかし、広告代理店やSDGsキャンペーンに協賛する企業などから収入を得ているテレビ局のなかで「SDGsに反するキャンペーンをやろう」とは言い難いだろう。

こうしてテレビでは、ＳＤＧｓというものがいかに地球や人類にとって素晴らしいことであるか、そして、これに賛成をして一緒に参加することの正当性についてのメッセージが垂れ流されているわけだ。

でも、それだけＳＤＧｓを扱っているわりには、本当にこの目標を達成した場合にどんなことが起きるのか、環境だけではなく、ほかの生物、人類、そして自分の国にどんな影響があるのかということは、ほとんどちゃんと語られていない。とりあえずスローガンに沿って上っ面をなぞっているだけだ。

テレビ局に限った話ではなく、日本社会には、こういう無意味というよりも有害なシステムで成り立っている組織が山ほどある。なぜかというと、日本では一度こういうシステムが出来上がってしまうと、それがどんなに科学的にはバカバカしいものであっても、さらには国民の利益を損なうものであっても、それを壊すことができずに、みんなで後生大事に守っていくというところがあるからだ。

その象徴的な例がダイオキシン問題である。

ダイオキシンの害がインチキだとわかっても…

ダイオキシンというのは、何かものを燃やしたときに出る有機塩素化合物なのだが、一部の学者が、これが「人体にとても有害でオゾン層にも悪い」と言い出して、2000年頃にテレビ局などマスコミが一大キャンペーンをやった。記憶に残っている人も多いだろう。

それで政府も動いて、ダイオキシン類対策特別措置法（以下、ダイオキシン法）というのがつくられて、その辺でたき火をしてごみを燃やしちゃいけないというルールができた。そしてダイオキシンがあまり出ないという触れ込みの、高温で一気に焼却できる巨大焼却炉でなければ、ごみを燃やしてはいけないことになった。

ある程度の年齢の人ならば覚えているだろうが、小学校でも中学校でも、校舎の裏あたりに焼却炉というのがあったはずだ。用務員のおじさんなんかが日常的にごみを燃やしていたはずだ。私も山梨大学にいたときは、いらなくなったいろんな書類を学内の焼却炉でどんどん燃やしていたが、今ではそういうことも許されなくなった。また、昔は春になると山間部や農村の風物詩だった「野焼き」も、ダイオキシンが出るという理由で原則禁止にされた。

当然、家庭用や学校で使うような小型の焼却炉を製造していた会社は大打撃を受け、なかには潰《つぶ》れたところもあったはずだ。林業や農家の人も多大な迷惑を被った。生産過程で出る廃棄物などをこれまで山や畑の脇で焼いていたのがだめになったので、それらを処分しなくてはいけない。作業量も増えるし、場合によっては費用もかかった。しかし、ダイオキシンは有害なのだからしようがないということで、みんな渋々従っていた。

しかし、ほどなくして、これがインチキだったことがわかってきた。ほとんどのダイオキシンというのが農薬起源のものなので、別にごみを燃やしても燃さなくても関係ないことや、そもそも焼却して出る程度のダイオキシンは人体にほとんど影響を及ぼさないことがわかってきたのである。

こういった事実を受けて、野焼きや学校の焼却炉でごみを燃やすことなどが再開されたり、ダイオキシン法が見直されたりしたかというと、そういうことにはなっていない。今も全国の学校などのごみは業者が集めて、トラックで郊外にある巨大焼却炉まで運んでいる。「野焼き」に関しても、自治体によるものや伝統的な慣習以外のものは禁止されている。

なぜかというとこれも、「ダイオキシンは有害なので、ごみは専用の焼却炉で処分する」というビジネスが出来上がってしまったからである。ダイオキシンが本当に体に悪いのか、環境に悪いのかという科学的な議論よりも、とにかく一度出来上がったシステムや利権を守るという、典型的なブルシット・ジョブに精を出すようになってしまったのである。

実は環境に優しかった「野焼き」

科学的にまったく意味がなく合理的ではないことを進めていくと、当然、事態はどんどんおかしな方向へと転がっていくものである。

ダイオキシン問題はその典型だ。

ダイオキシンが有害だということで、日本全国各地につくられた巨大な焼却炉というのは、それだけ立派な施設なので、維持していくためにはたくさんのお金がかかる。つまり、フルで稼働しないといけないので、大量のごみが必要となる。「ごみを減らせ」「環境に優しく」と呼びかけているわりには、大量のごみを常に必要とするなんて、冷静に考えたらめちゃくちゃ矛盾している。

あと、こういう巨大な焼却炉というのは、ほとんどは山のなかとか人気《ひとけ》のないところにつくられているケースが多いのだが、当然、そこにごみを運ぶには大型トラックが必要で、そこを何十回も何百回も往復させている。「ダイオキシンを出さない」と言いながら、ごみの収集や運搬にそれだけエネルギーを費やして、CO_2も大量に排出してりゃ世話ないよな。

そもそも、こういう巨大な焼却炉では生ごみはなかなか燃えにくいので、重油をかけて燃やしている。でも、プラスチックやペットボトルなどを一緒に燃やせば、石油製品だからすごくよく燃える。重油がいらない分、こっちのほうがエコである。


こういう細かいところをみていくと、田舎などの場合はそれぞれの家で出たごみは自分のところで燃やしてしまったほうがよっぽどエコだという側面がある。さらに言うと、ダイオキシン法で自治体などが実施するもの以外は原則禁止とされた、伝統的な「野焼き」のほうが、本当のSDGsである。

たとえば、豊かな自然がある熊本・阿蘇の草千里《くさせんり》では、春の訪れとともに今でも野焼きをしている。野焼きで出る灰が、次の草の栄養になるからだ。実際、阿蘇地域全体では、草原約2万2000ヘクタールのうちの約7割にあたる約1万5000ヘクタールが野焼きによって保たれている。

伊豆高原にある大室山《おおむろやま》にも700年も続いている「山焼き」という行事がある。山全体に火をつけて丸ごと焼き上げるというもので、これをやることで雑木や雑草が生い茂ることを防いで、良質な茅だけを育てることができる。環境破壊どころか、きちんと山の保全のための手入れになっている。

日本中の山林や農家もかつてそういうことをやっていたのだけれど、ダイオキシンは有害だなんていうインチキ話が触れ回られて「儲けるシステム」が出来上がったせいで、原則禁止にされてしまった。「環境に優しい」という触れ込みで定着させたシステムのために、環境に優しいことができなくなったというのは、なんとも皮肉な話だ。

新聞とテレビの利益供与

このようなかたちで日本では、一度システムや法律が出来上がってしまったものに関しては、そのあとにどれほど間違っているかやインチキかを指摘しても、なかなか覆すことはできない。そして、日本の場合は、テレビや新聞のなかにもこのシステムや法律によって儲けている人がいるので、マスメディアもとくに反対することもなく賛成に回ってしまうのである。

この「長いものには巻かれろ」的構造における最大の問題は、結果的に最も損をするのが国民だということだ。

インチキな話をもとにしたシステムや法律が残っても、そのインチキを触れ回った学者や専門家は痛くもかゆくもない。むしろ、さまざまな仕事が増えるので儲かる。テレビや新聞というマスコミも同じで、組織内にはこのシステムをもとにしたビジネスをしている人たちも多いので、メリットのほうが多い。

しかし、国民にはメリットなんてない。

それどころか、たとえばダイオキシン騒動では、一部の焼却炉メーカーが大儲けしただけで、国民の大多数は損をしているように、科学的でなく合理的でもないシステムが存続することで生じる混乱や不利益のツケを払わされるのは、国民なのだ。

それを象徴するケースが、新型コロナである。

世界的流行から2年も経過しているのに、日本だけがいまだに「医療崩壊だ」「医療が逼迫《ひっぱく》」などと大騒ぎしている。しかし、コロナは無症状や軽症の患者もかなり多かった。それにもかかわらず、感染者数は爆発的に増えたものだから、保健所や病院の機能がパンク寸前にまで追い込まれるという危惧があり、SARSなどと同じ扱いの「2類相当」ではなくて、季節性インフルエンザと同等の「5類」に引き下げるべきだという意見が出たのだ。

ところが、これには専門家や病院経営者が猛反対をしている。なぜかというと、「2類相当」のままのほうが国からいろいろカネをもらえるからだ。

たとえば「コロナ病床」を用意するだけで、実際には患者を受け入れなくても補助金がたくさんもらえる。事実、カネだけもらってコロナ患者をまったく受け入れていない、いわゆる「幽霊病床」という問題も発覚した。ここまでに触れてきたSDGs

の話と構造はまったく同じである。「コロナ病床」という儲かるシステムが出来上がってしまったので、科学的裏づけに基づいた合理的な判断よりも、システムを守ることが優先されてしまっているのだ。

これで最も損をするのは国民だ。病院は儲かるし、マスコミだっていつまでも「医療崩壊だ」「医療が逼迫だ」と大騒ぎできるので、ワイドショーの視聴率は上がるし、新聞も売れる。でも、国民のなかにはコロナに感染しても治療を受けられない人が出てきてしまう。おまけに、患者を受け入れないコロナ病床に支払われる補助金の原資は、すべて我々の税金である。ほとんどの人たちが損をして、一部の人間だけが儲けるというところは、ＳＤＧｓともよく似ている。

「システム」をひっくり返した経験がない日本人

だから、ＳＤＧｓに話を戻すと、いちばん怖いのは新型コロナやダイオキシンのように国が法律などをつくってしまうということである。こうなってしまうと、国民は

「はいはい」と従うしかなく、それがインチキだということがあとからわかったとしても惰性でダラダラと続けて、何十年もその無意味な法律だけが残ってしまう。

「らい予防法」がまさしくこの最悪のパターンであった。1907(明治40)年にできたこの法律のせいで、「らい病は空気感染するので、患者は療養所で死ぬまで隔離される」という政策がとられていたのだけれど、戦後に空気感染などまったくしないことがわかった。普通に考えれば、こんな非人道的な政策は速やかに撤廃されなければいけないはずだが、なんと、感染にまつわる真実がわかってからも隔離政策がとられて、この法律が廃止されたのは1996年だった。さらに、廃止したときも国は謝罪しただけで、人生を奪われたらい病患者やその家族へのケアをほとんど行わなかったため、国家賠償請求などの裁判がたくさん行われた。

日本では、一度できてしまったシステムは、それがどれほど不条理で非科学的でも、そして多くの人々が犠牲になっても、なかなかやめられない。それどころか、必死になって守り抜こうとしてしまうというのが、このケースからもよくわかるよね。

なぜこうなってしまうのかというと、ひとつには、日本人は自分たちで社会システムをひっくり返した成功体験が皆無だということがあるんじゃないかなと思っている。日本では、怒った民衆が為政者を追いつめて処刑するなどというフランス革命のようなことは起きていない。ほかにも、日本の民衆が立ち上がって革命を起こして、なんらかの権利や自由を勝ち取ったってことは、歴史上一度もない。

革命だとかクーデターだとか言われることもある明治維新だって、実は薩長など一部の武士たちが成し遂げたことだし、戦後の民主主義の定着にいたっては、太平洋戦争で無条件降伏したのち、GHQの指示に従った結果である。どれも一部の人たちが決めたことについて、一般国民は素直に従っているだけだ。

だから日本人にとって、すべての出来事は「自然現象」なのである。どんなに不条理な目に遭っても、ワケのわからないめちゃくちゃなルールを押し付けられても、それは「冬になれば寒くなる」のと同じような自然現象。だから無理に逆らわず、黙って受け入れる。「やむを得ない」「しようがない」「仕方がなかった」なんて言って、現状を素直に受容する。

この調子でいったら、どこかよその国が攻めてきたとしても、「はいはい」って受け入れてしまうに違いない。実際、戦争に負けてアメリカがやってきても、ゲリラやレジスタンスで戦った日本人なんていなかったからね。

ＳＤＧｓなどというおかしな話にやすやすと乗せられてしまうのには、こういう日本人の気質も起因しているはずだ。

ロクなことを言わない〝専門家〟たち

なぜ、テレビや新聞というマスコミが、ＳＤＧｓという矛盾だらけの胡散臭い話をしきりに持ち上げ、それについて大々的なキャンペーンまでやってのけているのか、という「謎」に対する答えがわかってきたと思うが、そのことに関していろいろな人たちから質問される機会がある。

「テレビに出ている専門家は当たり障りのないことしか言わない。なぜ池田さんみたいな問題提起をする専門家がもっといないんですか」

これは誤解であって、世界中にはＳＤＧｓがインチキ臭いとか、人為的地球温暖化はデタラメだという問題提起をしている科学者や専門家は山ほどいて、本当は日本にもそれなりにいる。ただ、そういう人たちはほとんどマスコミで取り上げられることがない。一度や二度紹介されることはあっても、テレビや新聞が触れ回っている内容と相いれない発言をすると番組をクビになったりすることが多いのだ。

私や、工学者の武田邦彦さんみたいなケースはちょっと珍しい。というよりも、私たちのような専門家を起用する「ホンマでっか⁉ＴＶ」（フジテレビ系）がかなり珍しいのかもしれない。スタジオでは私も武田さんも、時々「CO_2なんてバンバン出してもぜんぜん平気だよ」と言っており、共演者の方もスタジオ観覧のお客さんもみんな聞いているのだが、放送されるときには編集ですべてカットされてしまう。生番組ならばカットされないだろうけれど、生番組には出してはくれないだろうね。

こうしたテレビ界の現実があるので、マスコミに、ＳＤＧｓや地球温暖化に批判的な専門家が登場して自分の主張を述べるなどということはかなり難しい。これらの胡散臭さを一般の人たちにもわかるように伝えられるような、ディベートの場すらないという残念な現状がある。

だからといって、雑誌などに記事を書いても、今は読む人がほとんどいない。じゃあネットだということで、私もメルマガとかユーチューブを一生懸命やっているけれど、やはりそれらはすでにこの問題に関心の高い人たちだけがアクセスするものだから、より多くの人に知ってもらうのはなかなか大変だ。なんだかんだ言っても、まだテレビは全国のお年寄りから子供まで幅広い層がみている。結局、そういう影響力の強いメディアが取り上げないから、「専門家は当たり障りのないことしか言わない」という誤解が広まっちゃっているんだろうね。

難しい事実よりも「単純な話」が受け入れられる

あともうひとつ、「専門家がロクな意見を言わない」と感じるのには、非常に単純な多数派見解を話す専門家が多いということもある。

テレビに出る専門家というのは、どうしても限られた時間内で説明しないといけないので、いろいろ小難しいことを言ったり、中間の論証もしたりせずに結論だけをポンと言う。当然、単純な多数派の意見が多くなるよね。

たとえば、テレビに出ている専門家は、「CO_2の増加が温暖化の原因だ」と当たり前のように話をしているけれど、科学分野の専門家でなければ、どういう理屈でそのようなことが言われているかがよくわかっていないまま、テレビに出演しているような人もかなり多いのではないかと思う。単に誰かの受け売りで、それらしいことを言っているのだ。

科学的にみれば、CO_2というのは一定以上増えると、地球の気温上昇に及ぼす影響はさほどないということがわかってきている。

これは布団をイメージしてもらえばいい。寒いからといっていくら布団を重ねたって、一定以上になると、なかの暖かさはそんなに変わらないよね。5枚かけても10枚かけても重くなるだけで、そんなに意味がない。それと同じで、地球にCO_2という布団をかけているなかで、それがある程度増えてくると、もう布団のなか、つまり地球の気温はそんなに大きく変わらないんだよね。

しかし、科学的なことがよくわかっていない人は、CO_2が増えるのはとにかく悪いことだという図式しか頭にないから、「とにかく減らすしかない」「あらゆることを犠牲にしてでも減らすべきだ」となってしまう。これでは科学じゃなくて宗教みたいなことになってくる。

さらに科学的な視点でいえば、大気中にはCO_2だけではなく、いろいろな物質があって、温暖化ガスということでは水蒸気だってかなり重要だということもわかっている。また、前章でも話をしたように、火山活動なども気温に影響するし、地球の温度なんてCO_2だけで説明できるような単純なものではない。

しかし、そういう複雑な話より、「CO_2が増えたら地球の温度が上がる」といった単純な話のほうが社会にはすんなり受け入れられる。だから、テレビも新聞もそういう「みんなに受け入れられやすい話」ばかりを取り上げるし、そういうことをわかりやすく端的に解説してくれる専門家が引っ張りだこになる。

こういう「単純な話」を求める風潮が、SDGsキャンペーンやCO_2悪者説をさらに広めることになっている。

「エコ意識の高さ＝知識人の証」という幻想

あともうひとつ、この手の胡散臭い環境の話が日本に定着している要因に「環境問題に関心が強い人＝知識人」という誤解がある。

一般的に、リベラル層は環境問題に対して意識が高い。たとえば、アメリカでもリベラル色の強いバイデン大統領は、環境関連の政策を強く推し進めている。一方、リベラルと真逆の共和党員には、「地球温暖化はインチキだ」なんて言っている人が多い。CO_2削減の国際的なルールを決めたパリ協定から脱退したトランプ前大統領などは、まさにこの典型である。

　このような傾向があるので、どうしても、知識があって理性的なインテリほど、地球温暖化を強く憂い、「CO_2をなるべく出さない」というSDGsのような政策を支持しているイメージが広まっている。ある意味で、環境問題への関心の高さというのは「良心的な知識人の証」みたいに捉えられている部分がある。

　これは日本も同じで、リベラル政党ほど環境問題を強く訴える。だから逆に私や武田さんのように「CO_2なんて出しても問題ない」なんて言うと、「右翼だ」などとパージをされてしまう。昔、『しんぶん赤旗』の取材を受けたことがあるのだが、そこでは政権批判の話は歓迎されても、これまで解説してきたような地球温暖化に懐疑的な話はなかなか取り上げてくれない。

　ただ、日本の場合に少し特殊なのは、このようなリベラル、左翼的な人たちだけではなく、保守層にまで、CO_2による地球温暖化説を疑うことなく支持している人がたくさんいることだ。政党や思想信条には関係がないのだ。
これはおそらく、自らを理性的な知識人だと思っている人は、「環境問題に関心がある」「CO_2を出してはいけない」と主張しないと、かっこ悪いというような意識があるのではないだろうか。他人の目を極度に気にする。長いものに巻かれる。そんな日本人の気質が、政党やイデオロギーを超越したところで機能しているのではないか。それこそが、ＳＤＧｓという胡散臭い話を、日本人がここまでなんの疑いも抱くことなく、絶対の正義のように信じてきたゆえんのひとつではないかという気がする。

そうなってくると残念ながら、日本がＳＤＧｓを推し進める動きも、もはや止められない可能性が高い。ただ、前の章でも述べてきたように、ＳＤＧｓという美しいスローガンに騙されてこの道を突き進んだところで、得をするのはほんの一握りの人間で、大半の人々を待ち受けているのは〝地獄〟なのだ。我々はどうにかしてこれを回避する道を探していかなければいけない。

若い人たちはまだ50年以上もこの日本で生活していかなければならない。だから、これは今後の人生において生きるか死ぬかというほど重要な問題だろう。

そこで次章では、この国際的な詐欺話であるＳＤＧｓでＥＵなど一部の国が潤って、日本だけがひとり負けしないよう、日本の未来につながる「本来やるべきＳＤＧｓ」について考えていきたい。

第4章　ニッポンの里山の秘密

日本の最善策は「余計なことは何もしない」

ここまで、ＳＤＧｓというのが実は、よりよい未来をつくるために生まれたものじゃなくて、欧州など一部の国だけが得をする非常に胡散臭い詐欺話だということを説明してきた。また、前章では、そんな怪しげな話がなぜ日本でこれほどまでに持てはやされ、テレビ局などのマスコミがこぞってＳＤＧｓキャンペーンに力を入れているのかという点について、構造的な問題、また日本人の国民性などにも着目しながら考えてきた。

では次に大切になってくるのは、このような現実を踏まえて、日本はＳＤＧｓというものに対してどういう態度を示せばいいのかということだが、結論から先に言ってしまうと、「余計なことはしない」という一言に尽きる。

ＳＤＧｓに盛り込まれている環境やエネルギーに関する目標なんてきれいさっぱり忘れて、サステナブルなどと肩肘張らず、日本のそれぞれの地域内で完結するような取り組みや、実現できそうな地に足のついた目標を設定するだけで、十分日本らしい持続可能性のある社会が実現できる。

もっとも、ＳＤＧｓのなかでも「平和と公正をすべての人に」「人や国の不平等をなくそう」「ジェンダー平等を実現しよう」などは社会の意識の問題だから、こういうかたちで啓発を推進していくこと自体は悪いことではない。また、「すべての人に健康と福祉を」「質の高い教育をみんなに」「安全な水とトイレを世界中に」なども社会のインフラ整備の話なので、途上国への支援をしていくことも必要だろう。

でも、これまで指摘してきたように、「エネルギーをみんなに　そしてクリーンに」とか「海の豊かさを守ろう」「陸の豊かさも守ろう」なんていうのは、何をもってして目標達成とみなすのかがよくわからない、胡散臭い目標だ。だから、エネルギー資源のない欧州や、アメリカやロシアなどの資源大国の政治的駆け引きに翻弄《ほんろう》されるだけ翻弄されて、気がついたら、資源もない、食料自給もできない日本だけが「ひとり負け」の状態になる可能性がきわめて高い。

だから、日本としてはＳＤＧｓなどという詐欺話から早く目覚めて、「余計なことはしない」という戦略を取るのが一番いいと思う。

真の意味でのサステナビリティとは

こういうことを言うと、「ＳＤＧｓを否定したらサステナブルな社会が実現できないじゃないか」って怒りだす人たちがいるけど、ＳＤＧｓというのはそもそもこれを仕掛けている欧州が、「これまでどおりのグローバル資本主義によって豊かな生活を送りながら、その一方でサステナビリティを実現しよう」という矛盾だらけの話だから、自然環境、そして人間以外のあらゆる生物にしわ寄せがいくことは不可避なのだ。

地球規模でみたらちっともサステナブルじゃない。

サステナブル、サステナブルって国連や欧州は偉そうにのたまうけれど、「サステナブルな社会」は、実はかつて日本で暮らした人々がとっくの昔に実現していたことなのだ。

たとえば農業ひとつとっても、日本の「水田」ほどサステナブルなものはない。

世界的には、農業といえば、灌漑《かんがい》農業が一般的だが、実はこれは「持続可能なものではない」のである。なぜかというと、川の水を引いてきて畑に水を撒いていると、最初のうちは作物がたくさんとれるのだが、排水が十分でないと、水が蒸発したあとに水分中のごく微量な塩分が地表面に残り、これが積もりに積もって徐々に作物が育たなくなってしまう、いわゆる「塩害《えんがい》」が起こるからだ。

メソポタミア文明を滅ぼした「塩害」

わかりやすいのが、世界最古の文明といわれているメソポタミア文明だ。

これは歴史の授業で習ったとおり、今でいう中東・イラクのあたり、チグリス・ユーフラテス川のほとりにできた文明で、たくさんの人々が生活をしていたんだけれど、なぜそれが可能になったのかというと、川に近いという立地を生かして、灌漑により小麦や大麦の栽培をしていたからだ。

でも、その麦類が徐々につくれなくなる。川の水を撒いていたせいで塩害が起きたのだ。これをさらに悪化させたのが、森林伐採である。森林は土地の保水力をキープして乾燥化を防いでいるのだが、河川の上流域でその森林をどんどん切り開いた。これが塩害の進行をさらに早めてしまったのである。

結局、メソポタミア文明は1000年ほどで消滅する。作物が育たなければ人々は生きていけない。せっかくつくった都市を放棄せざるを得なくなる。かつての農業は、ひとつの文明を崩壊させてしまうほどの深刻な環境破壊をもたらすものだったのだ。

こうした塩害被害は、現代になってからも続いている。有名なところでは世界で4番目に大きな湖であったアラル海（中央アジア）がそうだ。アラル海には出口がなく、雨もあまり降らないところなので、水が蒸発していけば普通は塩分濃度が上がっていくのだけれど、この湖にはシルダリヤ川、アムダリヤ川という天山《てんざん》山脈とパミール高原に源を発する2本の淡水河川が流れ込んでいたために塩分濃度は安定しており、魚も多く生息していた。

しかし、1960年代から旧ソ連がこの2つの河川の水を引いて、大規模な灌漑による綿花栽培を始めた。これは1970年代にはかなり立派な産業になったが、案の定、塩害により衰退した。水をたくさん引いたことで、アラル海には淡水が流れ込まなくなり、結局、この湖は今、かつての5分の1くらいの大きさに縮小して、魚も生息できないほどの塩分濃度になっている。

サステナブルだった日本の水稲栽培

このような塩害被害は、アメリカの中西部地域などでもみられる。帯水層から地下水を汲み上げて大規模に農地を開拓したのち、しばらくの間はたくさん作物がつくれるのだが、やがて帯水層は枯渇し、塩害がひどくなって最終的にはその土地を放棄するしかなくなるに違いない。

しかし、人為的地球温暖化説を唱えている連中は、こういう塩害による不作の要因についてまで、「CO_2が増えて温暖化が進んでいるからだ」というようなインチキを触れ回っている。前にも述べたように、CO_2が増えれば植物の成長スピードは上がるので、逆に作物の収穫量は上がる。一部の人は塩害がメソポタミア文明を滅ぼしたという事実さえ知らないから、なんでもかんでもCO_2が悪いっていう発想にしかならないんだろうね。

さて、では翻って日本をみてみよう。日本ではこれまで塩害で農業が崩壊したなんて話は聞いた試しがない。なぜかというと、日本の農業は「水稲栽培」が中心であり続けたからだ。

日本の田園風景を想像してもらえばわかるように、山の沢から水を引っ張ってきているが、その水は田んぼのなかにとどまるわけではなく、収穫が終わればそのまま流してしまう。だから塩分が田んぼのなかに溜《た》まることなく、同じ土地で農業が続けられる。これは弥生時代に稲作が持ち込まれてからおよそ2500年間変わっていない。

つまり、日本の水稲栽培というのは、世界各地の農業と比べて非常にサステナビリティが高いやり方なのだ。

本当はスゴイ、日本の里山

そんな、いわば「ＳＤＧｓ先進国」の日本が、サステナビリティの低い環境破壊型の農業で多くの土地をだめにして、文明まで崩壊させてきた連中が言い出したルールに合わせて、そっちに従わないといけないなんていうのは、冷静に考えてみると、かなりおかしな話だよね。

そもそも日本は、世界に先駆けるかたちで、かなり大昔からとっくにＳＤＧｓというものを実現している。そして、それは「環境に優しいから」とか「地球温暖化を食い止める」なんて肩肘張ったものではなく、限られた国土と資源のなかで、「どうやって日本人が持続可能な社会をつくっていけるのか」を必死に考えた結果なのである。

たとえば水稲栽培が日本にここまで定着したのは、昔の日本人が「環境」なんてものを意識し、配慮したからではない。アメリカやロシアのように広大な土地があるわけではなく、山が多くて農地にできる面積が少ないので、灌漑農業で塩害を起こしていたらたちまち農地がなくなってしまう。塩害に見舞われた農地を放棄して移住するといっても、昔から日本はわりと人口密度が高かったので、豊かな土地にはすでにほかの人が住んでいる。

こういう条件のなかで生き残るには、持続可能な農業をやっていくしかない。つまり、日本のサステナブルな社会というのは、「限られた土地と資源のなかで、どうやったら最も効率的に自給自足できるのか」ということを突き詰めた結果に誕生したものなのだ。

その日本型のＳＤＧｓを象徴するのが、「里山」である。

里山は自然ではなく「人為的につくられたもの」

自然愛好家たちのイメージでは、里山というのは、オオクワガタやオオムラサキに代表されるような生物多様性の宝庫であり、保全すべき重要な自然環境だと捉えられているが、それは大きな誤解である。

里山も水稲栽培と同じで、その土地で人々が「いかにして効率的に自給自足できるか」ということを突き詰めた結果である。人為的につくられたサステナビリティの高い環境が里山なのだ。

実際、里山は手つかずの自然ではない。手入れをしなければ遷移《せんい》が進んで里山は崩壊してしまう。たとえば、里山の重要な要素のひとつであるクヌギやコナラといった落葉広葉樹の林は、関東地方では手入れをしなければ、シイ、カシといった常緑広葉樹の林に変わっていってしまう。

「それが自然の姿なのだから、放置してありのままにしろ」と主張するような自然愛好家もいるだろうが、それではそこで暮らす人々は生活ができない。


昔の人たちは「自然を守ろう」とか「生物多様性を守ろう」なんて思って、里山の手入れをしていたわけではなく、生きていくために行っていたのである。そういう環境を人為的につくって、そこに適応した生物たちが結果的に棲《す》みついたにすぎない。

つまり、里山というのは、その地で自給自足をするための先人たちの知恵の結晶であり、「手入れをしないで、自然に任せて荒れ放題にしておけばいい」というのは、もはや里山ではないのである。

自然愛好家たちが叫ぶ「環境保護」に欠けているのは、実はこの視点だ。豊かな里山というのは、ただ手つかずの自然を守っていればいいといったものではなく、そこで生きていく人間の手入れが行き届いたものなのだ。そして、それこそが先人たちが試行錯誤しながらつくりあげた、本当の意味での「Sustainable Goal」なのである。

持続可能性はどうやって機能していたか

里山こそが真のＳＤＧｓだというのは、長年、おもに東北地方の里山を取材してきた永幡嘉之《ながはたよしゆき》さんの『フォト・レポート　里山危機』（岩波ブックレット）を読むとよくわかる。

この本には、集落の自給自足においては「どの土地を何に利用するか」という法則性があり、最も効率のよい法則を見つけ出し、それを守ることが「Sustainable Goal」

だということがわかる事例が豊富に収められている。

たとえば、里山のＳＤＧｓで非常に大きな役割を果たしていたのは、やはり水田なのだけど、これも「環境を守ろう」なんて漠然とした考えではなく、ちゃんと自給自足ができるような方法で知恵と経験に基づいてしっかりと人為的につくられている。

水田はどこにでもつくれるわけではなく、水を張るために水平にできる土地と、漏水しない土壌、日当たりといった諸条件が必要で、集落ごとの水田面積が集落の人口を決めていた。

また、水は沢から重力を利用して水路で水を引いて田んぼに張っていたが、途中でいくつもの溜め池をつくり、渇水に備えていた。これらの溜め池には、「沢から引いた水を温める」という機能もあったはずだ。田んぼの水は真夏には飽水状態にしていた。これは、地表にはほとんど水が溜まっておらず、土中だけが満水となっている状態だ。この飽水状態にすることで、酸素を補給して有毒ガスを抜き去った。そして、稲刈り前には完全に水を抜いたのである。

このように、「手つかずの自然」と対極にあるようなかたちで、きわめて合理的に、そして人為的に環境というものが管理されていたのが、里山の真の姿なのである。

里山の自然は「自給自足を突き詰めた結果」

このほかの点においても、里山は非常に合理的、そして計画的に整備されていた。たとえば、水田と水路と溜め池以外にも、自給自足に必要なさまざまな装置が必要であるため、里山には無駄な土地というものは存在しない。

たとえば、里山では人家のまわりの水田がつくれない土地に、人工的に薪炭林《しんたん》がつくられていた。これは自然環境に配慮したものではなく、人がこの環境で生きていくためには住居の近くにエネルギー、つまりは薪と炭が必要不可欠だったからだ。その位置関係もよく計算されている。薪は重いから運ぶのが大変なので、薪がとれる雑木林は家の近くに、炭は軽いので炭を焼くための林は比較的、家から遠いところにあった。

また、これらの薪炭林のほかにも人工林がつくられていた。クリ林である。これは人々の食料になるのと同時に、住宅を建てる際の基礎材にもなる。建材として必要不可欠なスギやアカマツも里山の集落に植えられたが、必要以上に植えなかったので面積は小さかったという。

また、里山には草原もある。これもSDGsを意識したものではなく、農耕には欠かせない牛の食料を確保するという目的のためにつくられたものだ。夏の間に刈り取って干し草にして、冬用の食料として蓄えられた。また、草原にはススキもよく生えているが、これも茅葺《かやぶ》き屋根に必要だからだ。晩秋に刈り取っておき、次の春まで乾燥させてから使った。

集落の立地条件によってはほかに、養蚕用のクワ畑（カイコの餌にする）や、果樹園、茶畑などがあり、余った土地にはカブなどの野菜を植えた。自給自足で生き延びるための装置がすべてそろっていたのが里山だということがわかる。

自然保護に力を入れている人たちは、里山にはドジョウやタガメなどの昆虫もたくさんいて、「生物多様性がある」なんて絶賛しているが、実際に里山に住んでいる人々にしてみれば、ドジョウやタガメを守ろうとか、飼育しようなんて考えはないと思う。そういう生物がいるのは溜め池や水路なのだが、これは田んぼが日照りで干上がってしまったときに備えて山から水を引くためのもので、たまたまそこに魚やら水棲昆虫が棲みついたというだけの話である。魚などは副食になるので、そこで釣りなんかもするようになったけれど、それはあくまでも副産物で、合理的に干ばつ対策をした結果にすぎない。

このように里山の自然というのは、そこで暮らす人々が効率的に自給自足をしていくために整備・管理された結果、生じたものであって、現代的な「自然保護」とはなんら関係ない。実際、里山の草原の面積も、集落で飼っている牛の頭数と、茅葺き屋根に必要な茅の量によって決まっていたが、これも「環境を守る」とか「生物多様性のため」なんて考えとは無縁だ。無闇に草原を大きくするよりも、ほかの用途に使ったほうがそこで生きる人々にとって効率がいい。そういう話なのだ。

里山を呑み込んだ効率化の波

里山が「自然環境」よりも「効率」を重視して、それを追求した結果に生じた土地だということを示す例はほかにもたくさんあるのだが、最もわかりやすいのが、「そこで生きる人間の数の上限が決められていた」ということだろう。

里山で自給自足生活をする農家というのは、どれほどたくさん子供がいても、家を継ぐのは長男と決まっている。だから、そこで次男や三男がそのまま実家で暮らすということは少なくて、ほとんどは家を出て、里山ではない別の場所に行って、自分で自給自足の生活をしていく。なかには、どこかへ丁稚《でっち》奉公に出されたり、女性の場合は身売りされて遊女のようになる人もいた。

なぜ血を分けた家族にこんな厳しい仕打ちをしていたのかというと、里山にあるエネルギーや食料というのは上限が決まっているからだ。里山はすべて効率的に自給自足をするために設計されているので、人間の数が増えたらそのバランスが根底から崩れて、機能しなくなる。我々の祖先は長い歴史のなかでそれを経験的に理解していたので、里山を持続させるために住民の人数を抑制していた。いわゆる「口減らし」をしていたのである。

ちなみに、こういう行き先のない人たちがたくさん集まったのが、実は江戸なんだよね。

江戸の人口比率でいうと、独身男が異常なまでに多いんだけど、これは里山で居場所がなくなった次男坊とか三男坊とかがこぞってやってきたからだ。大都市である江戸は、いろいろなかたちでの労働力を必要とするから、とりあえずそこへ行けばひとりで生きていける程度には稼げる。当然、結婚して家庭をもつことのできない男たちもたくさんいたので、酒を飲むところや吉原の遊郭みたいな場所もできた。つまり、江戸というのは里山の人口の調整弁みたいな役割も果たしていたということである。

この日本の里山のSDGsから現代人が学べることとは、結局その共同体がサステナブルかどうかというのは、人口に大きく左右されるということだ。だから、もし日本が独自のSDGsを進めていくのならば、たとえば、「この集落を持続させていくには、最大で500人までしか住めませんよ」というようなことを決めてしまうのもいいだろうね。

ただ、そんなふうに「効率的な自給自足」を突き詰めてきた里山も、現在は崩壊が進んでいて、日本全国にかつてあったような里山はもはや残っていない。「効率的な自給自足」を根底から覆すような波に呑まれてしまったからだ。

巨大都市・江戸にみられた驚異的なサステナビリティ

よく、里山が崩壊したのは、地方の過疎化によって手入れをする人手がなくなったからだといわれる。確かに、これまでみてきたように里山というのは、手つかずの自然を放置していればいいというものではなくて、そこで暮らす人間の自給自足に適したかたちで人為的につくられたものなので、手入れができなければ崩壊する。それは間違っていない。

ただ、直接的な原因として挙げられるのは、やはり「エネルギー革命による効率化」によるところが大きいのである。戦後もしばらく里山は存続していたが、1960年代に起きたエネルギー革命の結果、日本のあらゆる場所に電気やガスが整備され、その結果、里山の薪炭林は不要になった。また、自動車とともに機械の農耕機具が普及したことで、農耕用の牛を飼う必要もなくなり、里山の草原もいらなくなった。

繰り返すが、里山の自然環境は、自然や生物多様性を守るためのものではなく、そこで生活をする人たちの自給自足を効率的にするために維持されてきた。その「効率化」が別のかたちで成立し、今までのシステムが不要になったのだから当然、それまで維持されてきた里山のＳＤＧｓは崩壊する。

この、「エネルギー革命による効率化によって、それまでのＳＤＧｓが崩壊してしまう」という構図は、里山よりもうちょっと広い規模で日本人が行っていたＳＤＧｓ

の成功例に関しても当てはまる。
それは、江戸である。

下肥で農作物を育てるという最先端のSDGs

江戸は当時、世界的にみても、桁外れに先進的でサステナブルな都市だった。まず、最もSDGsであるといえるのは、人間の糞尿を肥料として活用していた点だ。こんな都市は同時代のヨーロッパなどには存在していない。

年配の人ならばわかると思うが、昔は日本の農村には人間の糞尿を溜めておく「肥《こえ》溜《だ》め」があった。糞尿を発酵させるとかなり良質な窒素肥料ができることを、我々の祖先たちは知っていた。実は人間というのはそれほど消化吸収能力が高くないので、人糞の半分は脱落した腸壁や腸内細菌の死骸などなのだが、もう半分は消化できなかった食べたものの残りカスである。つまり、人糞のなかにはまだかなりの栄養が残っているのだ。

それを発酵させたものが「下肥《しもごえ》」である。

この下肥を畑に撒くことで、作物がたくさんとれる。そうしてできた作物を人々が食べて、彼らが排泄《はいせつ》したものをまた下肥にして再び作物を育てていた。昔の日本人はそんな「下肥」エコサイクルを回していたのである。

このサイクルは、当時、世界最大の人口を誇っていた巨大都市・江戸にも当てはまった。

江戸の中心部のまわりには畑や田んぼなど広大な農地が広がっていて、今は人で賑《にぎ》わう新宿や渋谷のあたりも当時は農村だった。葛飾北斎の「富嶽三十六景」のなかに農村を描いた「穏田《おんでん》の水車」という作品がある。大人は穀物を運び、子供は亀を引いていて、どこの田舎だという感じだけれど、これは今、若い人たちで賑わう表参道あたりの風景だ。

江戸はこういう農地に囲まれていたので、農作物が安定的に供給されたわけだが、そこで必要な肥料はどこから得ていたのかというと、江戸の町からであった。膨大な数の人間が生活していたので膨大な量の排泄物が出る。それを集めて近郊の農家にせっせと運んでいた。これが一大産業になっていたことは、この下肥の取引をする専門業者が存在していたことからもうかがえる。糞尿で作物をつくるなんて、これほどのSDGsを実践していた都市はヨーロッパのどこにも見当たらない。

ちなみに、取引された下肥の価格にはちゃんとランクがあった。いちばん安いのは当然、貧乏な庶民がたくさん暮らしていた長屋の下肥だ。ロクなものを食べてないからね。この糞尿は基本的に長屋を所有する大家のもので、その代金は大家が独り占めしていた。だから店子《たなこ》（借家人）と大家が喧嘩《けんか》になると、「てめえ、俺のクソで商売しやがって、分け前を少しよこせ」なんて言ったりしたんだよね。

じゃあその反対に最も高く取引されたのはどこの下肥かというと、江戸城の大奥である。何より、当時の江戸のなかでいちばん栄養価の高いものを食べていた人たちなのだから当然だ。

このように、江戸では人間の糞尿まで無駄にせずにきっちり再利用していたのである。それに比べると、今の日本は人間の糞尿はすべて下水に流して終わりなので、かなりもったいない。現代の技術があれば、カチカチに圧縮して煮沸《しゃふつ》消毒などすれば非常にいい肥料ができるだろうに。それに現代人は、大奥の人たちに比べたって、かなり栄養価の高いものを食べているはずだ。

この下肥という日本式のＳＤＧｓも、戦後になって消えていく。空気中の窒素を人工的に固定してつくる化学肥料が誕生したからだ。ただ、今も園芸店などに行けば、畑に撒くための牛糞だとか鶏糞だとかが売られているわけだが、本当に環境のことを考えるのならば、人間の糞だって活用したほうがいいに決まっている。

江戸の町がきわめて清潔だった理由

このような下肥の話をすると、今の日本人は「不衛生だ」などと思うかもしれない。しかし、実はそれはまったく逆で、この下肥のおかげで、江戸は同時代のヨーロッパの都市とは比べものにならないほどの「清潔さ」を維持できていたのだ。

下肥というSDGs的な発想が皆無だったヨーロッパの都市で排泄物はどうしていたのかというと、道路にそのまま捨てていた。今でいう「おまる」のようなものに溜めていて、いっぱいになったらそれを家の前の道路にバッと捨てたのだ。だから当時は、うっかり道の端っこでも歩こうものなら、頭上から糞尿が降ってくることもあった。

これは冗談ではない。この地獄のような世界の生き証人が、「ハイヒール」だ。今でこそ女性のファッションとして定着しているが、もともとは男性も履いていた。なぜかというと、道端が糞尿だらけなので、かかとの高い靴を履かないことには、着ているものの裾が糞尿でひどいことになるからなのだ。ヨーロッパであのようなデザインの履物が生まれたのは、おしゃれとしてではなく、糞尿をよけるという実用のためだったのだ。

そんなヨーロッパの都市で生活する人々に対して、江戸の庶民はおもに「雪駄《せった》」という、ペタンとした草履で生活していた。なぜこんな無防備な履物で外を歩くことができたのかというと、道路に糞尿が落ちているなんてことがほとんどなかったからだ。先ほども説明したように、糞尿は肥料であって、金銭で取引される「商品」でもあるので、それぞれの家屋の便所や、街中にある公衆便所のようなところでしっかりと管理されていた。

そこに加えて、江戸は上水道もかなり整備されていた。神田上水、玉川上水、本所《ほんじょ》上水、青山上水、三田上水、千川上水といういわゆる「江戸の六上水」が建設されていたし、それが届いていない下町や海の近くでは井戸が掘られたり、水を桶《おけ》に入れて運ぶ「水売り」がいたりした。

このようなかたちで水と排泄物がしっかり管理されていたので、江戸は当時のヨーロッパに比べものにならないほどの清潔な都市であった。伝染病は時々流行したが、それでもコレラなどが定期的に大流行した欧州の比ではない。

栄養豊富な漁場だった江戸前の海

江戸が当時の世界で最先端のＳＤＧｓを実践していたことを端的に示すのが、「江戸前の海」、つまりは今でいう東京湾がかなり豊かな漁場であったという事実だ。

江戸時代には趣味の釣りが生活に余裕のある人たちの間で流行して、東京湾ではハゼをはじめ多種類の魚が釣れたようだ。いまや東京湾では絶滅したアオギスも釣れたのではないだろうか。

江戸時代には当然、環境保護なんて発想はかけらもないから、生活で出たごみは江戸前の海にどんどん流れ込んでいた。でも、今みたいにプラスチックなんかなくてみんな有機物なので、どうなるのかというと、富栄養になる。

海というのは基本的に貧栄養だから、東京湾のような場所に適度な量の有機物が入れば、いろいろなプランクトンが発生する。プランクトンが増えれば魚も増えて、人間にとっても豊かな漁場となるのだ。

また、当時は現代のように魚群探知機や巨大な網を使った効率的な漁業が存在していないので、過剰にとりすぎるということもない。江戸の人口が当時でトップクラスの規模だったとはいえ、東京湾の魚を食べ尽くしてしまうほど多くの人間はいなかったのだ。

要するに、江戸近郊の畑や田んぼでとれる作物についても同じことがいえる。

江戸では人口にちょうど見合うレベルの食料の供給源があり、江戸で出される排泄物やごみも、その食料を供給するためのサイクルにしっかりと組み込まれていた。つまり、規模は異なるが里山と同じような「効率的な自給自足」のシステムが、ちゃんと均衡を保って成立していたということだ。

そんな当時最先端のＳＤＧｓ都市が、なぜ日本より自然科学が進んでいたヨーロッパでは実現できなかったのか。

実は最も大きい原因は「江戸の人々が肉食ではなかった」ということだ。

江戸と里山をＳＤＧｓにした最大の要因

江戸の人々は、牛はもちろん、鶏も豚も食わない。当時、マタギなど山間部に住んでいたごく一部の人は獣の肉を食べたりすることもあったが、基本的に当時の日本人は米と野菜食がメインで、タンパク質は魚からとっていた。そして長野のように海がない地域の人々は、鯉などの淡水魚を食べたり、海の魚の干物を食べたりしていた。

このような食文化は、実はヨーロッパにはない。日本特有のＳＤＧｓな食生活である。

これまで述べたように、肉食というのは飼料を大量に消費するので、ＳＤＧｓ的に言うと環境には優しくない。１キロの上等な牛肉をつくるためには、20キロの穀物が必要となる。山に入って獣を狩るといっても、人口が増えていけば乱獲が始まってしまうので、やがて生態系を壊していく。

肉食というのは、サステナビリティという観点に着目すると、面倒臭い問題が山ほど起きるのだ。

たとえば、ヨーロッパの都市で暮らす人々は肉食なので、住民の数が膨れ上がると、それだけ大量の肉が必要となる。穀物を収穫する農地のほかに、牛や豚といった家畜を育てなくてはいけないので、広大な牧草地が必要となる。また、効率よく家畜を育てるのもかなり大変だ。干ばつが起きたり病気などが流行したりすれば、食料危機にも陥りやすい。

しかし、魚はそれほど面倒臭くない。繁殖をするスピードが陸の生物よりも速いし、餌をやったり世話をしたりしなくても勝手に増えてくれるので、人間は漁をするだけでいい。

江戸の場合、近郊の農地と目の前の海から、そこで暮らす人々が生きていくのに必要なだけの野菜や魚がとれればいいというシンプルな自給自足社会だが、肉食中心のヨーロッパ型の都市の場合は、農地に加え、肉を安定的に供給するだけの牧草地が必要で、単位面積当たりの人口は江戸ほど大きくできない。人口が増加すれば牧草地も拡げる必要があるため、自然環境の破壊が進んだ。

江戸や里山が理想的なＳＤＧｓを実現できたのは、たまたま当時の人々に肉を食べる習慣がなかったので、同じ土地面積でたくさんの人口を養えたからだ。これがもたらした幸運が大きかっただけで、「日本人が自然を大事にしていた」などということではまったくないと思う。

狂い出した生態系の行方

このことからもわかるように、実はサステナブルな社会を実現できるか否かということには、「CO_2を出さない」というような、どうでもいい問題よりも、「肉食かどうか」ということがかなり重要なのだ。

繰り返しになるが、肉食は自給自足以上の大量の穀物を必要とするので、環境破壊につながりやすい。これは裏を返せば、我々が肉食を続けていく限り、そしてSDGsで掲げられている目標のなかにある「飢餓をゼロに」を実現しようとすればするほど、生物多様性を損なってしまうという皮肉な結末を招いてしまうのだ。

実際に、農業の効率化によって、たくさんの虫が消えている。肉食社会を維持するためには穀物の生産量を安定させて、なおかつ増やしていかなければならないので、農業の大規模化と効率化が必要だ。そのために欠かせないのが、殺虫剤と農作物の品種改良、そして遺伝子組み換え作物である。

農業をやっていて殺虫剤を撒かないと、作物は虫に食い荒らされて甚大な被害を受ける。虫を殺す化学薬品は、一般的に人体への影響は限定的だといわれている。しかし、当然ながら虫に対しては強烈な毒性があるわけなので、殺虫剤を使い続ければ、生物多様性は損なわれる。ＳＤＧｓが掲げる目標「陸の豊さも守ろう」からはどんどん乖離《かいり》していく。

そんな殺虫剤のなかでも問題視されているのが、ネオニコチノイドである。これは文字通り「新しい（＝ネオ）ニコチンもどき（＝ノイド）」である。ネオニコチノイドは人体に対する毒性はほかの殺虫剤に比べそれほど高くないが、短期間に大量摂取すると急性中毒を起こし、死亡例もある。

一方、昆虫に対しては猛毒で、当然、自然環境に入るとさまざまな問題を起こす。

有名なところでは、ミツバチが脚からこのネオニコチノイドを吸収すると神経系が狂わされ、自分の巣に帰れなくなる。これは、ミツバチの大量死・大量失踪の原因だと考えられている。

日本から「赤トンボ」を激減させた農薬の恐怖

日本でも同様の問題は指摘されていて、山室真澄さんという研究者が島根の宍道湖《しんじ》で生物の多様性を調べたところ、周囲の田んぼでネオニコチノイドが使われ始めてから、ウナギとワカサギが消えてしまったという。そこでいろいろ調べたら、周辺の田んぼからネオニコチノイドが宍道湖に流れ込み、ミジンコや小さなエビやカニなどの甲殻類を殺害したようだ。昆虫と甲殻類というのは生物としてはかなり近いから、ネオニコチノイドは甲殻類にも作用する。ウナギは小さなエビやカニを食べているわけだし、ワカサギもミジンコを食べている。餌がなくなったことで、これらの生物が消えてしまったわけだ。

フィプロニルも問題である。これは農家の間では有名な「プリンス」という農薬のなかに入っている成分で、その手軽さから人気が高い。使用するのは「1回だけ」ということで環境にも優しいという触れ込みだが、とんでもない。農薬を1回だけ使用してそれで済むということは、それだけ毒性が強いということだ。

そんなフィプロニルは、かつては日本中でその姿がみられ、童謡としても親しまれている「赤トンボ」を激減させた原因だという。

私の後輩である、石川県立大学の上田哲行教授（現・名誉教授）が調べたところ、フィプロニルを使った田んぼでは、アキアカネという最もポピュラーだったトンボの数が、1990年から2009年でなんと1000分の1に減ったという。フィプロニルによって、トンボの幼虫であるヤゴが大量に殺されたからである。

生物多様性に対して、こうした殺虫剤が及ぼす影響は甚大で、虫が減れば、それを餌にしている野鳥も消えるし、魚も消える。EUではこれらの農薬は使用が禁止されている。しかし、日本ではまだ普通に使えるのだ。

もともと里山なども生物多様性を守るためではなく、効率的な自給自足を追求した結果であるわけだから、考えようによっては、日本人はこれまでどおりに環境よりも効率性を重視して、ほかの生物を殺す危険性がある農薬を使い続けているってことだから筋は通っている。ＳＤＧｓの理念とは真逆だけれどもね。

遺伝子組み換え作物は地球にも人間にも優しい

では、農業の効率化と環境への優しさは両立できないものかというと、科学技術によって少しずつそれが可能になってきている。それが、遺伝子組み換え作物（ＧＭＯ）だ。

遺伝子を操作して、その作物を食べた虫だけが死んでしまうようなＧＭＯをつくれば、虫はもう近づいてこなくなる。ちなみにＧＭＯで使われている殺虫剤は、作用機序（薬が影響を及ぼす仕組み）が一般の殺虫剤とは異なるので、人体には無害である。

虫が生きるための餌を奪うことにはなるが、これまでのような殺虫剤による、ほかの昆虫込みの大量死は免れる。

日本では、スーパーで売られている豆腐などにも「GMOの大豆は使っていません」と明記されているように、GMOは人体に有害で非常に恐ろしいものだというイメージが広まっているが、先に記したように現時点では、人体への影響はないことがわかっている。人体にも有害な殺虫剤を広範囲に撒いたり、作物に浸透させたりするわけでもないので、ほかの生物への影響が最小限に抑えられる。つまり、人間にも自然環境にもいちばん優しいのがGMOだといえる。

ただ、今のように悪いイメージが定着しているなかで、GMOを積極的に活用していくのは難しいだろう。そうなると現実的に日本人に合っているのは、「虫食いの穴が空いてる野菜は安全な証拠です」なんて国民的な大キャンペーンをして、農薬の使用をなるべく減らしていくことぐらいしかない。

実際、虫に食われていたって農作物の安全性にはなんの問題もないし、葉っぱに青虫かなんかの卵がくっついていても、それを食べたところでタンパク源だからなんともない。日本人の意識がそういうふうに変われば、いろいろな農薬を使わなくて済むわけだから、生物多様性を守るという観点からは、素敵な社会になる。

さらにもっと根本的な解決策ということでいえば、「培養肉」の開発がある。牛の筋肉細胞をちょっと取ってそれを培養していくというもので、肉をとるために牛を屠殺しなくていい。理論上は、1頭の牛からすさまじい量の食用肉を生み出すことができるということで、世界でも注目されている分野だ。

農薬を大量に使わなければいけないというのは、穀物の生産量を上げる必要があるからで、突き詰めると、それは「よりたくさんの肉をつくる」ためでもある。この問題が科学の力で解決できるようになれば、世界はずいぶんとサステナブルになる。

もちろん価格が高ければなんの意味もないが、技術が進歩して大量に培養肉が生産できるような体制が整えば、日本のように食料自給率が低い国にとっては、かなりありがたい話になるだろう。

世界の食料問題を解決する「培養肉」の可能性

もちろん最初は、今のGMOみたいに「培養肉は体に悪い」とか「培養肉を食べると命を縮める」などというネガティブな話も出てくるだろうし、肉牛の一大生産地であるアメリカやオーストラリアは全力で計画を潰しにかかるだろう。もし、どこかの国が培養肉のすごい技術を開発して、培養肉輸出大国にでもなったら、牛肉生産の勢力図が一気に塗り替えられてしまうからね。

培養肉の強みは、何より「牛を殺さない」ということだ。やはり肉食というのは、最終消費者がなかなか直視したくない、「生き物を屠殺して解体する」という部分がある。そういう厳しい現実を周知することによって、培養肉の普及を加速させることはできるかもしれない。

そういうことも踏まえると、地球のサステナビリティを考えていくうえで、培養肉というのは、矛盾だらけのＳＤＧｓなんかよりもはるかに重要な鍵を握っているともいえるのだ。

このような食料の問題は科学技術である程度まで解決できたとしても、エネルギーは難題だ。とくに、日本の場合はエネルギーの確保は非常に悩ましい。

これまで述べてきたように、地震大国の日本にとって、原発の稼働はメリットよりもデメリットのほうがはるかに大きい。太陽光発電は、太陽光パネルを敷き詰めることで日本の農地や山林を破壊して、食料自給率の低さをさらに悪化させてしまう。海中や稜線の風力発電にしても、結局は風下の生態系に悪影響を及ぼすので、そんなに大量に設置できるものではない。

本来、最も日本に向いているのが、石炭による火力発電だ。日本にはCO_2の排出量を従来よりも抑える高機能な火力発電施設をつくれる独自の技術をもっているが、西側諸国の脱炭素キャンペーンによって完全に「宝の持ち腐れ」状態になっている。

これにさらにトドメを刺しているのが、SDGsという詐欺話である。「CO_2が地球を温暖化させるので、地球が持続できない」というインチキを触れ回り続けている限り、日本のエネルギー問題はいつまで経っても解決されないってことだな。

日本向きなのは地熱発電と「エネルギーの地産地消」

日本が置かれるこうしたエネルギーの現実を踏まえて、何が日本に合っているのかということを考えていくと、いちばん有効なのは地熱発電だろう。

至る所に温泉が湧いて出ているように、日本は火山大国なので、地熱発電のポテンシャルがかなり高い。それにもかかわらず、この分野はそれほど開発が進んでいないし、どこを掘れば地熱発電ができるのかという調査や技術もそれほど蓄積がない。これが確立されて発電施設の初期費用が抑えられるようになれば、地熱発電がかなりうまく回っていくはずだ。

かつてレスター・ブラウンという世界的に有名な環境の専門家が、日本は地熱発電に適していて、国内発電量の少なくとも半分以上は地熱発電でカバーできるはずだと主張していたが、もしそれが事実ならば、地熱発電をメインにしたっていいわけだ。

もちろん、エネルギーをひとつの資源に依存するのは危険なので、火力、水力、風力などとバランスよく組み合わせていくことが大切である。地熱発電をメインに据えて各地域でエネルギーの地産地消を進めていくのが、日本の理想的な姿だと思う。

太陽光でも風力でも大規模な発電所をつくって、そこで広域の電力をすべてカバーしようというやり方では、それだけ環境への負荷も重くなる。だから、河川を利用した小規模な水力発電や風力発電などの施設をたくさんつくって、エネルギーはその周辺地域だけで消費すれば、それほど環境にも影響はない。

この方法が適しているのは、日本の場合は自然に多様性があって、それぞれの地域で特色のある発電ができるから。たとえば、海辺でものすごくいい波がくるような地域は、波の力でモーターを動かす波動発電をしてもいい。沖縄のように風の強いところならば風力もいいだろう。

このように地域ごとの特色ある小規模発電と、地熱発電や火力発電を組み合わせていけば、原発などに頼ることなくエネルギーを安定的に供給できるのではないだろうか。

日本が目指すべきSDGsとは

ここでお気づきの読者もいるだろうが、私がここで述べている地熱発電とエネルギーの地産地消というのは、これまでみてきた、江戸や里山での効率的な自給自足の「発電版」である。地域で暮らす人々のエネルギーと食料は、その地域内でつくってそこで消費する。実はこのやり方が最もサステナブルだという点について、これまで説明してきた。

こうしたことを日本は江戸や里山で実践してきた土壌があるのだから、それをエネルギーでやってみてもいいのではないだろうか。日本人がこれまでやってきた日本流のSDGsを踏襲して、エネルギー問題を解決するのだ。

私は、これこそが日本が目指すべきSDGsの方向性じゃないかと思っている。

これまでみてきたように、SDGsというのは実現不可能で矛盾した目標を並べ立てた「嘘」である。現代の厳しい国際競争のなかで、グローバル資本主義で成長を続けたいヨーロッパ諸国がつくり出した「詐欺」だと言い換えてもいい。

こんなインチキに乗せられても、いいことは何ひとつない。地球環境はさらに悪くなるし、貧富の差も拡大するし、飢えもなくならない。

だからこそ日本は一刻も早く、この壮大な「嘘」に気づいて、先人たちが実践していた日本流のSDGsに再び目覚めてほしい。

そして、これは私のようにもうあの世からお呼びがかかっているような者ではなく、これから生きていく皆さんがやらなければいけないことだ。

本書がその一助になれば、これほど嬉しいことはない。

おわりに

「ウクライナ支援は正義」という危険な兆候

ロシアのプーチン大統領がウクライナに侵攻して以来、世界はプーチン・バッシング一色に染まり、「ウクライナを支援するのはごく当たり前のこと」といった、正義の風が吹き荒れている。

とくに西側諸国のメディアを中心に、「ウクライナ＝善」「ロシア＝悪」という単純な二元論で情勢を捉えることがまかり通っており、「ウクライナ支援の旗を掲げることが、人として当たり前のことだ」「それに反対するやつは危険分子だ」というムードまで生まれている。

これはけっこう危険な兆候だ。

プーチンの暴挙が多くのウクライナ人を死に至らしめていることは事実であり、これを批判し軍事侵攻をやめさせる手立てを模索するのは真っ当なことだろう。だからといって、ウクライナを全面的に支援することが「絶対的な正義」なのかというと、それはまったく別の話だ。

こういう「善意で敷き詰められた道」ができたときこそ、注意しなくてはいけない。本書の冒頭で「地獄への道は善意で敷き詰められている」という諺を紹介したが、ウクライナ情勢も、そのような〝地獄〟が待ち受けている典型的なパターンだ。

たとえば、ウクライナに武器を供与すべきだという主張がある。市民を守るため、ロシア軍に反撃する必要があるのだから、武器を提供することは「善行」だと考える人も少なくない。

その一方で、世界は、善意で行動している人たちだけでは成り立っていない。他国に武器を輸出して儲けたい連中は、ウクライナ侵攻によって世界に醸成されつつあるムードを最大限利用して、ビジネスを拡大していくはずだ。当たり前だが、戦争がたくさん起きたり、戦争が長期化したりするとよく売れるので、さらなる武力衝突を煽るようなプロパガンダも仕掛けられていくだろう。

つまり、当初は「ウクライナのために」という人々の善意から始まったことが、いつの間にか戦闘の拡大という地獄へとつながってしまうのである。

なぜ人は「正義」に酔いしれてしまうのか

ウクライナ支援という「善意」を全面的な正義だと信じ込み、そこにのめりこんでいくことで「地獄への道」に足を踏み入れてしまうというのは、日本という国にも当てはまることだ。

日本政府は「防衛装備移転三原則」によって、殺傷能力のある武器を他国に提供することを禁じている。しかし、もし西側諸国のムードに引きずられれば、なし崩し的に武器の輸出や輸入のハードルも下がっていく可能性がある。そうなればお次は、外国の侵略から日本を守るために核武装すべきだとか、敵の基地を攻撃するミサイルが必要だとかいう話になってくるのだ。

もし世論がこういう風潮になれば、国防費の拡充を唱える政治家は選挙で有利になるだろうし、武器を扱う企業も儲けることができるが、国民にはほとんどなんの恩恵もない。

日本が軍事力を増強すれば、当然、周辺国との緊張は高まる。ウクライナとロシアのように、何かのきっかけで武力衝突が起きるリスクが大きくなるのだ。もしそんなことになったら、損をするのは国民だ。多くの死者が出るし、海上輸送もストップするので、エネルギーや食料の価格は暴騰して、生活はメチャクチャになる。

最初は「ウクライナのために」という、善意で敷き詰められた道を歩んでいたつもりだったのが、ふと気がつけば、自分たち自身が戦争という地獄に転落しているのだ。

ウクライナ支援という「正義」に酔いしれることの危険性については、国内外のさまざまな専門家が指摘しているが、それを受け入れる日本人は多くはない。自らが信じる正義に浸るのは、それが「気持ちがいいこと」だからだ。

報酬系から考えるSDGs問題の本質

人間は他人から感謝されたり、褒められたり、認められたりすると、A10神経からドーパミンが分泌され、快感が生じる。この報酬系と呼ばれる機能は一度形成されると依存性になりやすく、ギャンブル依存症やアルコール依存症と同じでなかなか治らない。いわば、「感謝される快感」に溺れてしまっている状態だ。こんなことを言うと怒る人もいると思うけれど、ボランティア活動に励む人たちのなかは、この報酬系の依存に陥っている人も少なくないはずだ。

それを踏まえれば、多くの人が「ウクライナ支援は正義」と、のめり込んでしまうのも理解できるだろう。ゼレンスキー大統領から感謝されたり、アメリカなどの西側諸国から「日本は国際貢献している」と認められたりすると、脳内にたくさんのドーパミンが分泌されて報酬系が働く。それが気持ちよくてしようがないのだ。

ただ、困ったことに、この報酬系は正義をなして感謝されたときばかりでなく、「悪」を叩いているときにも働いてしまう。つまり、「ウクライナ＝正義」「ロシア＝悪」と思い込んだ人の一部は、ロシアにまつわるすべての物事をバッシングすることでも、気持ちよくなってしまうのだ。

ロシア料理店に嫌がらせをしたり、プーチンの軍事侵攻になんの決定権も持っていない日本在住のロシア人を罵倒したりするのは、報酬系の影響であるともいえるだろう。「坊主憎けりゃ袈裟《けさ》まで憎し」という諺があるが、昔の人は人間の脳の働きについて、正確に理解していたってことだね。

人々が正義に酔いしれるのは「気持ちがいいことだから」ということを理解すれば、本書で説明してきたSDGsの問題の本質がみえてくるはずだ。

「いいことをして気持ちがいい」という快楽に騙されるな

国連が、持続可能な開発目標として17のゴールを掲げてからというもの、世界ではSDGsを推進することこそが正しいとされ、政府も企業もこれに従うのが当たり前だという「正義の風」が吹き荒れている。

「地球の未来のため」「飢餓で苦しむ人たちのため」「豊かな自然を守るため」と言いつのり、これに異を唱えることが難しいスローガンの巧妙さは、実は、人間の報酬系をうまく刺激しているという点にもある。

SDGsという何やらかっこいい言葉に同調して、環境に優しそうなアクションをとると、脳内に大量のドーパミンが分泌されて気持ちがよくなる。

そこに加えて、テレビでは有名人がＳＤＧｓというキャッチフレーズを繰り返しているので、それに賛同するだけでも「いいことをした」と、また報酬系が働く。そんなことを続けるうちに、どんどん「ＳＤＧｓ中毒」に陥るのだ。

本書で解説してきたように、ＳＤＧｓは世界にとっても日本にとっても「地獄への一本道」である。石油などのエネルギー資源に乏しい欧州や、脱炭素ビジネスをしている企業などの一握りの連中が利益を得るだけで、地球上の生物や大多数の人々は損をする。待ち受けているのは、持続可能な社会ではなく、「絶望の社会」だ。

ＳＤＧｓの美辞麗句や「いいことをして気持ちがいい」という快感に惑わされることなく、この壮大な詐欺話の本質を見極めてほしい。ウクライナ支援と同じで、気がついたときには、後戻りができない破滅の道を突き進んでいることになるかもしれないのだ。

ことに、これからの世界を生きていく皆さんにとっては深刻な問題だ。

1日も早く「ＳＤＧｓの快楽」を断ち切って、正気に戻ってもらいたい。

池田清彦

宝島社新書

SDGsの大嘘
（えすでぃーじーずのおおうそ）

2022年 6 月10日　第1刷発行
2023年12月21日　第7刷発行

著　者　池田清彦
発行人　蓮見清一
発行所　株式会社　宝島社
〒102-8388 東京都千代田区一番町25番地
電話：営業　03(3234)4621
編集　03(3239)0646
https://tkj.jp
印刷・製本：中央精版印刷株式会社

ISBN 978-4-299-02966-9